AF566042

Laurenz Lütteken

Aufgehobene Revolution

Annäherungen an Richard Wagners »Ring«

Laurenz Lütteken

Aufgehobene Revolution

Annäherungen an Richard Wagners »Ring«

Bärenreiter
Metzler

Auch als eBook erhältlich (epdf):
ISBN 978-3-7618-7328-1 (Bärenreiter)
ISBN 978-3-662-72869-7 (Metzler)

Bibliografische Information der Deutschen Nationalbibliothek
Die Deutsche Nationalbibliothek verzeichnet diese Publikation
in der Deutschen Nationalbibliografie; detaillierte bibliografische Daten
sind im Internet über www.dnb.de abrufbar.

Heinrich-Schütz-Allee 35–37, 34131 Kassel, Germany ·
info@baerenreiter.com
Gemeinschaftsausgabe der Verlage Bärenreiter, Kassel,
und J. B. Metzler, Berlin
Umschlaggestaltung: +CHRISTOWZIK SCHEUCH DESIGN
(Foto: Richard Wagner, *Götterdämmerung*, Biwako Hall, Ōtsu, 2020,
© Henning von Gierke, henningvongierke.com)
Lektorat: Jutta Schmoll-Barthel
Korrektur: Daniel Lettgen
Innengestaltung und Satz: Dorothea Willerding
Druck und Bindung: Beltz Grafische Betriebe GmbH, Bad Langensalza
ISBN 978-3-7618-2682-9 (Bärenreiter)
ISBN 978-3-662-72868-0 (Metzler)
www.baerenreiter.com
www.metzlerverlag.de

Für Peter Gülke

Inhalt

Vorwort

Die Ansprüche, die sich mit dem Werk, aber auch mit der Person Richard Wagners nach wie vor verbinden, sind in jeder Weise herausfordernd. Wagner geriet schon ganz jung in den Bann jener vorrevolutionären Bewegung, die gemeinhin »Vormärz« genannt wird. Nach dem Scheitern der Aufstände ging er dann aber einen sehr eigenen Weg. Während Berlioz verstummte, Schumann sich dem Realismus zuwandte oder Verdi, in überbordender Aktivität, Realismus und Pessimismus zu verbinden suchte, richtete er sich ganz auf sein riesenhaftes Projekt des »Musikdramas«, das in das »Bühnenfestspiel« des *Ring des Nibelungen* münden und im »Bühnenweihfestspiel« des *Parsifal* enden sollte. Zwei Aspekte sind dabei von besonderer Bedeutung. Dieses Musikdrama sollte zu einem erneuerten, alle anderen menschlichen Äußerungsformen in sich aufnehmenden und diese überbietenden Musikbegriff führen – mit gravierenden Konsequenzen bis in kleinste kompositorische Details. Und das Musikdrama sollte, hervorgegangen aus der Revolution, deren Scheitern ebenso in sich aufnehmen wie einen utopischen Neuentwurf von Kunst und Gesellschaft, in einer willentlichen Überblendung. Damit überschattete ein grundlegender Konflikt das Vorhaben. Die Erinnerung an den einen, den unwiederholbaren und doch missglückten revolutionären Augenblick in einem utopischen Theaterentwurf bedurfte notwendigerweise fester Strukturen, um das zu ermöglichen, was man Aufführung nennt. Zugleich musste dabei unklar bleiben, welche geschichtliche Kraft, also welche Ansprüche auf Dauerhaftigkeit mit einer solchen Aufführung eigentlich verbunden sein sollten.

Wagner haderte nicht nur um 1850, sondern fortwährend mit dieser unlösbaren Spannung zwischen Erinnerung an das Vergangene, revolutionärer Überwindung und utopischem Blick in eine vage Zukunft. Sein ursprünglicher radikaler Gedanke, Theater, Partitur und sich selbst nach der jahrelang vorbereiteten Aufführung dem lodernden Feuer auf der Bühne zu übergeben, ist also nicht beiläufig, er ist vielmehr Ausdruck dieses willentlich herbeigeführten Widerspruchs. Er durchzieht nicht nur, vorsätzlich, den *Ring*, sondern auch die folgenden Werke, von der Opposition eines finalen Scheiterns (im *Tristan*) und einer schließlich doch geglückten Revolution (in den *Meistersingern*) bis hin zum enigmatischen Abschied von allen metaphysischen gesellschaftlichen Ansprüchen überhaupt (im *Parsifal*). Selbst die frühe Aufführungsgeschichte des *Ring* spiegelt dies, von der Uraufführung nur des ersten Aufzugs der *Walküre* in Zürich 1856 über deren szenische Aufführung 1870 in München, der das *Rheingold* vorausging, bis zur Gesamtproduktion 1876 in Bayreuth. Die Zürcher Aufführung fand in einem Hotel statt, mit dem Komponisten, jedoch ohne Szene und Orchester, allerdings mit Franz Liszt am Klavier. Sie sollte also absichtsvoll ein Provisorium, eine Verheißung sein. Die Münchner Aufführung wurde ohne Beteiligung des Komponisten durchgeführt, er verweigerte ihr also demonstrativ, in einem auch publizierten Schreiben an den Dirigenten Heinrich Esser, die Beglaubigung von etwas Fertigem. Und der von ihm selbst bis in alle Details kontrollierten Bayreuther Aufführung folgten umgehend grundlegende Vorbehalte und Zweifel. Der von ihm herbeigeführte Verkauf des gesamten Szenars an den Theaterdirektor Angelo Neumann 1881, vordergründig aus finanziellen Erwägungen, wirkt daher wie eine Bestätigung dieses Willens zur Vorläufigkeit – nicht nur, weil eine Bayreuther Wiederholung damit unmöglich wurde, sondern weil Neumann die Dekorationen für reguläre Theateraufführungen des *Ring* einsetzte, die Wagner in seinem Schreiben an Esser jedoch kategorisch ausschloss, denn dort galten die *Meistersinger* als sein letztes Werk für die Operntheater. Im Verkauf manifestierte sich zudem, keineswegs ironisch, die monetäre Kapitalisierung eines revolutionären Anspruchs. Denn selbst hierin verlängert sich ein Widerspruch schon seines Zürcher Daseins, das der radikale Kapitalismuskritiker Wagner vorsätzlich auf jenes Kapital gründete (vor allem Jakob Sulzers und Otto Wesendoncks), das zu vernichten er doch angetreten war.

Die Geldgeber, die den *Ring* entstehen sahen, waren sich dieses Umstands durchaus bewusst.

Die Musik ist im Innersten davon berührt. Der lange Abstand zwischen dem Abschluss der ersten Partituren in der Mitte der 1850er-Jahre und der autorisierten Uraufführung von 1876 überdeckt zahlreiche äußere Veränderungen, im Instrumentenbau, in der Orchestertechnik, im Gesang – aber auch in den Möglichkeiten der szenischen Gestaltung, vor allem des Lichts. Gravierende konzeptionelle Änderungen brachte dies nicht hervor. Denn die bereits in Zürich verwirklichte und dann in Bayreuth wieder aufgegriffene Idee eines nicht dauerhaften, sondern temporären Orchesters – bei den im *Ring* geforderten Dimensionen der Besetzung eine Herausforderung unabsehbaren Ausmaßes – lässt sich vordergründig als affirmative Hervorhebung des Festspiels verstehen, ist aber letztlich eine entschiedene Betonung des Temporären sogar in diesem fundamentalen Bereich. Wagner, der sich von der aktiven Tätigkeit als Kapellmeister nach der Revolution weitgehend verabschiedet hat, wusste gleichwohl, welche Instabilität ein solches Provisorium nach sich ziehen musste. Alle diese Spannungen erscheinen jedoch als kalkuliert, als Spiegel des fundamentalen Grundkonflikts zwischen Augenblick und Dauer. Die Denkfigur, in der sich ein solcher Widerspruch bannen lässt, ist diejenige der Aufhebung im dialektischen Sinne Hegels: als Bewahrung und Negation gleichermaßen, um das eine mit dem anderen fortbestehen zu lassen.

In der komplizierten Rezeptionsgeschichte, sehr schnell gekoppelt an die Kanonisierungsansprüche des Bayreuther Hauses und der immer dezidierter agierenden Familie, ist zunehmend das eine, das Vorläufige, das Unbehauste, das Revolutionäre, zurückgedrängt worden zugunsten des Bestimmten, des Andauernden – und immer stärker auch des Dogmatischen. Überwölbt wurde all dies von der Konstruktion eines »Bruches« in der Biographie des Komponisten, der damit vom Revolutionär zum Patrioten geworden sei – womit die dialektische Figur der Aufhebung fortan keine Rolle mehr spielte. In der jüngeren Wagner-Forschung ist jedoch zunehmend deutlich geworden, dass es für die Annahme eines solchen Bruches keine letztlich tragfähigen Indizien gibt, sondern dass die willentliche Grundspannung zwischen dem Vorläufigen und dem Dauerhaften Wagners Biographie und sein Werk durchzieht.

In den Essays dieses Bandes geht es daher um neuerliche Annäherungen an diese Grundspannung und ihre Bedeutung für den Entwurf des *Ring* – sowie um die Folgen vor allem für die Partituren. Im Mittelpunkt stehen dabei vier Texte zu den vier Teilen des »Bühnenfestspiels«, die für eine Produktion an La Monnaie / De Munt in Brüssel entstanden sind. Auf ausdrücklichen Wunsch hin wurden zentrale musikalische Aspekte des Zyklus in Verbindung gebracht mit übergreifenden ästhetischen Überlegungen einerseits und dem jeweils konkreten Werk andererseits. Marie Mergeay hat diese Konzeption angeregt und von Anfang an ebenso intensiv wie kritisch begleitet. Diese Texte erscheinen hier erstmals, in leichter Überarbeitung, auf deutsch. Sie werden ergänzt um drei weitere Essays, die dem revolutionären, linkshegelianischen Hintergrund gewidmet sind, der Bedeutung, die Goethes Welttheater-Entwurf des *Faust* dabei spielte, und dem damit verbundenen »Abschied« von aller Metaphysik. In einem Ausblick auf Thomas Mann geht es dann nochmals um den in vielerlei Hinsicht für Wagner bestimmenden Gedanken des »Exils«. Diese Aufsätze erscheinen hier erstmals im Druck. Wegen des ursprünglichen Charakters als Vorträge bzw. als Beiträge für Programmbücher wurde auf Literaturhinweise verzichtet, lediglich die Zitate werden in Fußnoten nachgewiesen. Im Anhang findet sich allerdings eine ausführlichere Liste von Forschungsarbeiten, welche für die Texte des Bandes von besonderer Bedeutung waren. Manche inhaltlichen Dopplungen hingegen sind jedoch durchaus kalkuliert, da es bei den Annäherungen zuweilen auch darum geht, einen identischen Sachverhalt in unterschiedliche Kontexte zu stellen.

Abschließend sei allen gedankt, die am Zustandekommen dieses Bandes beteiligt waren. Dieser Dank gilt zunächst Jutta Schmoll-Barthel, die diese Veröffentlichung angeregt, mit sanftem Nachdruck vorangetrieben und mit umsichtigem Lektorat begleitet hat. Dies schließt Oliver Schütze mit ein. Marie Mergeay war bei den Essays zum *Ring* eine wichtige Gesprächspartnerin. Mit Ulf Schirmer konnte ich in den vergangenen Jahren viele Gespräche über die Partituren und ihre Details führen. Mit Michael Hampe hatte ich zahlreiche Diskussionen über die Bühnenwirklichkeiten. Ulrike Thiele und Melanie Wald-Fuhrmann haben die Texte nochmals kritisch gelesen und dabei etliche Kommentare gegeben. Tanja Bobrick und Heike Spies danke ich für Auskünfte. Ulyana Kaftan war bei der Redaktion behilflich, zusammen mit Mara-Sarina Eberhard hat sie zudem die Korrekturen koordiniert. Daniel Lettgen hat abermals ein umsichtiges Korrektorat, Dorothea Willerding die Gestaltung des Buchs vorgenommen. Henning von Gierke hat freundlicherweise der Abbildung des Titels zugestimmt. Allen Genannten sei für ihre Mühe sehr herzlich gedankt.

Zürich, im September 2025

I Vom »Leben der Zukunft« und der Sehnsucht des Kunstwerks

Wagners *Rheingold* und die Idee des Musikdramas

Die Wucht der revolutionären Ereignisse der Jahre 1848/49 hat Richard Wagner unerbittlich getroffen, zumal der königlich-sächsische Hofkapellmeister ja nicht bloß ein Sympathisant, sondern ein aktiver Protagonist der Geschehnisse war. Wagner floh nach dem Dresdner Aufstand im Mai 1849 als steckbrieflich gesuchter Teilnehmer mit gefälschtem Pass; er wollte eigentlich nach Paris, blieb dann aber, nach dem Scheitern dieses Vorhabens, in Zürich, einer Stadt, die vielen Aufständischen als ein Ort der geglückten Revolution erschien. Dass die Situation 1848/49 tatsächlich lebensbedrohlich werden konnte, ließ sich am dramatischen Schicksal des Komponisten und Kritikers Alfred Julius Becher (1803–1848) erkennen. Er wurde, als engagierter Parteigänger der Revolution in Wien, nach deren Niederschlagung Ende Oktober 1848 verhaftet und kurze Zeit später standrechtlich erschossen. Andere, wie Michail Bakunin (1814–1876), wurden zum Tode verurteilt und später zu langjähriger Festungshaft begnadigt.

Wagner verbrachte in Zürich neun bemerkenswert produktive Jahre, am Ende die vielleicht dichtesten seines gesamten Lebens. Diese Zeit wurde von ihm selbst zunächst zögerlich, dann immer deutlicher und nachdrücklicher als eine Phase des Innehaltens, also der Reflexion, dann aber eines dialektisch gebrochenen Neuanfangs verstanden. Zürich galt ihm nach Jahren offenbar als Ort seiner Bestimmung, abrupt durchkreuzt erst vom widerwilligen Aufbruch im August 1858, im Umfeld der ebenso ernsten wie tiefgehenden Affäre mit Mathilde Wesendonck, der Frau seines Förderers Otto Wesendonck. Dieser Neubeginn galt ihm aber offenbar nicht als radikale Zäsur, sondern als eine Art Entgegnung auf das Scheitern der Revolution, intentional, komplex und willentlich widersprüchlich. Die unruhige, in jedem Fall überaus dichte Produktivität, die er entfaltete, wurde zusätzlich begünstigt durch den paradoxen Umstand, dass es in Zürich, von wenigen Ausnahmen abgesehen, eben kein wirklich stimulierendes musikalisches Umfeld für ihn gab. Die offenkundige Distanz zu musikalischen Institutionen hat er demnach als Herausforderung in ganz anderer Hinsicht empfunden. Bezeichnend ist dabei auch der Umstand, dass die kurz zuvor gegründete republikanische Universität, an der sich zahlreiche Flüchtlinge aufhielten, nur eine untergeordnete Rolle für ihn spielte.

Wagner vergewisserte sich seiner selbst auf drei Ebenen, die für ihn jedoch nicht logisch auseinander folgten, sondern unverbrüchlich zusammenhingen. Begünstigt durch die Umstände war dies verbunden mit seinem Entschluss, nach einigen Opernaufführungen und Konzerten in Zürich, vor allem mit Sinfonien Beethovens, die Tätigkeit als Kapellmeister nahezu gänzlich aufzugeben. In den Vordergrund drängte sich zunächst die Standortbestimmung in einer Serie von kunsttheoretischen Schriften, in denen er unter dem Eindruck der revolutionären Ereignisse die Rolle des Kunstwerks und die Person des Künstlers auf provokante Weise neu bestimmen wollte. Im Mittelpunkt stehen dabei drei große Abhandlungen. In der ersten, *Kunst und Revolution* (1849), geht es um den aktuell zwar gescheiterten, aber unumkehrbaren revolutionären Prozess als Grundlage aller Kunst, im *Kunstwerk der Zukunft* (1850) um die Frage, wie ein solches Kunstwerk im utopischen Sinne, also bezogen auf eine zukünftig gelingende Revolution und die daraus hervorgehende Gesellschaft aussehen könne. Gemeint ist das, was er später »Musikdrama« nennen sollte. Und *Oper und Drama* (1851), der längste und schwierigste dieser Texte, ist den poetischen und kompositorischen Grundlagen dieses neuartigen Musikdramas gewidmet. Hinzu kamen zwei Schriften über die Künstlerfigur der Zukunft, als polemische Negation im unter Pseudonym veröffentlichten *Judenthum in der Musik* (1850), als positive Selbstbestimmung in der autobiographischen *Mittheilung an meine Freunde* (1852). Flankierend dazu sind noch kleinere Abhandlungen entstanden, etwa zur Frage, wie ein unter solchen Bedingungen entstehender Theaterbau aussehen könnte.

Aus alledem sollte die endgültige Konzeption und Ausarbeitung des neuen Welttheaters hervorgehen, das schließlich *Der Ring des Nibelungen* genannt wurde und das sich in ein Vorspiel, den »Vorabend«, sowie die drei Hauptteile, die »Tage« gliedern sollte, eine merkwürdige Parallele nicht nur zu antiken, sondern eben auch zu jüdischen und christlichen Traditionen von Feiern über mehrere Tage. Und damit verband sich die Idee, diese neue Art des Dramas bedürfe einer neuen Art der Darstellung, in der das Einzigartige und Übergreifende gewissermaßen auch äußerlich erkennbar bleibt. Diese Darstellungsform, die Wagner dann, analog zum Titel des *Ring*, als »Festspiel«, und zwar ausdrücklich für das Theater, die Bühne, bezeichnet hat, erprobte er ebenfalls erstmals in Zürich, in jenen Maikonzerten des Jahres 1853, in denen das später, 1876 in Bayreuth verwirklichte Modell bereits weitgehend ausgebildet war. Alle diese Vorhaben, wenngleich sie chronologisch eng gestaffelt einsetzten, überblendeten sich in den frühen 1850er-Jahren auf eine irritierend dichte und kaum klar zu scheidende Weise. Wagner trat mit dem *Ring* schließlich auch in Zürich erstmals nicht nur an eine abstrakte, sondern an eine konkrete Öffentlichkeit, 1853 mit der Lesung der Tetralogie an vier Abenden, 1856 mit der Uraufführung des ersten *Walküre*-Aktes.

So führte der lebensweltliche Bruch, den Revolution und Flucht zweifellos bedeuteten, nicht etwa zu einer schroffen konzeptionellen Zäsur, im Gegenteil. Wagner verstand die republikanische Umgebung seines selbst gewählten Exil-Ortes als, wenn man so will, kreative Herausforderung eigener Art. Das *Ring*-Projekt sollte Gestalt annehmen als ein neues, ein anderes Theater, in dem nicht nur die Geschichte, im Sinne Hegels, aufgehoben sein, sondern in dem sich das Scheitern der gerade vergangenen Revolution mit dem Gelingen einer künftigen verbinden sollte. Wagner blieb damit den dialektischen Verstrebungen des linkshegelianischen Vormärz nicht einfach nur treu, sondern er verlängerte sie in eine kreative Herausforderung beispielloser Ausmaße.

Dabei entwickelte er zwar, ausgehend von ersten Überlegungen schon im Sommer 1848, das Projekt des *Ring* vom Schlusspunkt her, also von Siegfrieds Tod aus, doch musste dem zuletzt konzipierten »Vorabend«, dem Prolog des *Rheingold* schon deswegen eine besondere Rolle zukommen, weil sich hier erstmals die Prinzipien dieses neuen Musikdramas exemplarisch zu erkennen geben sollten. Selbstverständlich stand hinter alledem die griechische Tragödie, auch in der Idee einer Trias mit einem zusätzlichen, geringer gewichteten vierten Werk. Doch ging es bei diesem Rückbezug nicht einfach um ein antikes Ideal oder eine historistische Aneignung, sondern, in der Erinnerung an die Verbindung von Theater und Republik in der Antike, um eine Art von Projektion. Die Wagner so verhasste Künstlichkeit sollte nämlich durch eine neue Natürlichkeit ersetzt werden, was ihm aber nur noch in einer Form von Erinnerung möglich schien: »Der freie Grieche, der sich an die Spitze der Natur stellte, konnte aus der Freude des Menschen an sich die Kunst erschaffen: der Christ, der die Natur und sich gleichmäßig verwarf, konnte seinem Gotte nur auf dem Altar der Entsagung opfern.«[1]

Im *Rheingold*, das 1853/54 als erste (und kürzeste) Partitur des *Ring* entstand, treten die Eigenarten dieser erinnerten Natürlichkeit besonders deutlich hervor, nicht nur im Fehlen einer Akteinteilung. Vielmehr verzichtete der Komponist auf zentrale Elemente der Operntradition vor 1850: ein Liebespaar, eine herkömmliche Konfliktdramaturgie, eine Hierarchisierung von Rezitativ, Arie und Ensemble, eine Verknüpfung von Soli, Ensembles und Chören. Dazu kommt eine bis dahin beispiellose Vergrößerung des Orchesters mit einem fünfstimmigen Streicherapparat (in der Besetzung 16-16-12-12-8), einem vierfachen Holz und einem starken Blech (mit acht Hörnern). Hinzu treten spektakuläre Erweiterungen, in denen sich das Spannungsfeld zwischen Natürlichkeit und Künstlichkeit auch klanglich suggestiv abzubilden vermochte: Sechs Harfen (mit einer siebten auf der Bühne), also Instrumente eines mythischen, eines ossianischen Ur-Klangs, bilden dabei den Gegenpol zu 16 Ambossen, akustischen Signalen der modernen Industriegesellschaft.

Doch steht diese Vergrößerung des Klangapparates nicht für sich selbst, sondern sie ist der Idee geschuldet, dass das moderne Orchester dem Chor im antiken Drama entspreche. Daraus leitet sich auch dessen neue Funktion ab. Es ist nicht mehr traditionelle »Begleitung« von Gesang, sondern dessen Gegenpart – in permanenter Ergänzung, Erweiterung und Kommentierung: Auf die Versmelodie des Darstellers »bezieht sich als *Ahnung* die vorbereitende absolute Orchestermelodie; aus ihr leitet sich als *Erinnerung* der ›Gedanke‹ des Instrumentalmotivs her«.[2]

Dies prägt auch die Verselbstständigung der Orchesterpassagen, im Vorspiel »auf dem Grunde des Rheines« ebenso wie in den Verwandlungsmusiken zwischen den Bildern.[3] Sie sind nämlich nicht in einem herkömmlichen Sinne illustrativ, sondern erweisen sich als kommentierend. Gerade deswegen bewegen sie sich stets auf einer Metaebene: so im ersten Zwischenspiel, dem szenischen Wechsel vom Rhein in die Bergeshöhen, als Reflexion über die Grenzen von Traum und Wirklichkeit oder, besonders eindringlich, im berühmten Es-Dur-Vorspiel als Reflexion über die Entstehung von Musik, Sprache und Drama überhaupt.

Diese bedeutsamen Veränderungen hatten ihre Grundlage im Dramentext selbst. Denn Wagner verzichtete auf ein Grundprinzip von Operndichtung, die Gegenüberstellung von erzählender (rezitativischer) und gebundener, gereimter (arioser) Sprache. Er setzte deswegen nicht auf den Endreim, sondern auf den Stabreim, also auf die Entwicklung von Syntax und Semantik nicht aus dem gleichlautenden Endklang, sondern aus dem gleichlautenden Anklang der Wörter. Zugleich verzichtete er auf ein traditionelles Metrum, das üblicherweise eine zentrale Anregung für Komponisten bildete. Im *Ring*, insbesondere im *Rheingold*, dominiert ein lockeres Geflecht aus zwei- und dreihebigen Versen, die jedoch hinsichtlich der Silbenzahl keinen metrischen Regeln folgen. Diese neue Form der Dichtung hatte bedeutende Auswirkungen auf die innere Organisation des Musikdramas. Im dritten Teil von *Oper und Drama* ist Wagner darauf ausführlich eingegangen. Das Kernprinzip dieser inneren Organisation bezeichnete er, allerdings beiläufig, als »die dichterisch-musikalische Periode«.[4] Gemeint war mit diesem später vielfach strapazierten, aber wohl eher aus Verlegenheit gewählten Begriff eine bestimmte Form der Abschnittsbildung. Die Musikalisierung eines textlichen Sinnabschnitts sollte auf drei Elementen beruhen: der Verpflichtung, strukturell dem Wortakzent strikt zu folgen, dem Willen, die semantischen Schattierungen der betreffenden Verse in einer weit ausgreifenden Harmonik zu erfassen, und dem Vorsatz, den Zusammenhang einer solchen Periode allein durch die tonale Geschlossenheit herzustellen.

Ganz anders als in der traditionellen musikalischen Formbildung, sowohl in der Instrumental- als auch in der Vokalmusik, sollte daraus, so Wagner, eine Art von additiver Syntax hervorgehen: »Ist hiermit die dichterisch-musikalische Periode bezeichnet worden, wie sie sich nach einer Haupttonart bestimmt, so können wir vorläufig *das* Kunstwerk als das für den Ausdruck vollendetste bezeichnen, in welchem viele solche Perioden nach höchster Fülle sich so darstellen, daß sie, zur Verwirklichung einer höchsten dichterischen Absicht, eine aus der andern sich bedingen und zu einer reichen Gesammtkundgebung sich entwickeln, in welcher das Wesen des Menschen nach einer entscheidenden Hauptrichtung hin, d.h. nach einer Richtung hin, die das menschliche Wesen vollkommen in sich zu fassen im Stande ist (wie eine Haupttonart alle übrigen Tonarten in sich zu fassen vermag), auf das Sicherste und Begreiflichste dem Gefühle dargestellt wird.«[5]

Das ist, wie so oft in *Oper und Drama*, keine einfache Formulierung, aber sie betrifft ein zentrales Prinzip des Musikdramas. Denn Wagner stellt hier nicht einfach die traditionelle musikalische Syntax infrage. Vielmehr lebt die dichterisch-musikalische Periode offenbar davon, dass sich die eigentlich gegensätzlichen Eigenschaften von Dichtung und Musik nur in ihr wirklich zu verbinden vermögen. Die Poesie ziele, so Wagner, auf Verdichtung und Konzentration – was man wohl als das Wesen des Lyrischen bezeichnen kann. In der Musik hingegen gehe es um größtmögliche Expansion, also eine Eigenschaft, die sich als das Wesen des Epischen bestimmen lässt. Die Ansammlung vieler solcher »Perioden nach höchster Fülle« als Prinzip des neuen Dramas bedeutet also nichts anderes, als dass lyrische Poesie und epische Musik, Konzentration und Expansion sich zu einer neuen, absichtlich widersprüchlichen Gesamtform verbinden sollen.

Schon zu Beginn des *Rheingold* zeigt sich deutlich, was musikalisch damit gemeint war. Aus dem Wogen der Fluten entsteht ein Gesang, der aus der natürlichen Bewegung des Wassers erste Formen von Lautung und Syntax ableitet. Dieser Gesang ist, durch das klar auf Es-Dur bezogene Umfeld, tonal geschlossen. Warum Alberich in diese naturnahe Szene einbricht, bleibt zwar willentlich unklar. Aber in dem Augenblick, in dem er es tut und das Wort ergreift, wird durch eine harmonische Rückung und durch eine Veränderung der Syntax ein schroffer Schnitt erzeugt. Dieses Montagehafte erweist sich als eine neue, charakteristische Eigenart des Musikdramas, und sie wird nicht nur das erste Bild prägen, sondern die gesamte Partitur, bis zur Unwetterszene mit Wotans Schlussgesang, Loges letzter Intervention und dem Finalgesang der Rheintöchter, einer transponierten Rückkehr zum ersten Bild. Der Kontrast zu einer herkömmlichen musikalischen Dramaturgie, die selbst den *Lohengrin* noch geprägt hat, könnte größer nicht sein.

Selbstverständlich kann man den *Ring* (und das *Rheingold*) nicht als eine »Veranschaulichung« von Wagners Theorie bezeichnen. Denn die Prozesse von Reflexion, Komposition und Aufführung sollten sich ja gegenseitig bedingen. Aber genau mit dieser Vermischung war, in vollem Bewusstsein, ein Problem heraufbeschworen, das auch den Kern der »dichterisch-musikalischen Periode« berührt, nämlich die Frage, ob das daraus erwachsene Musikdrama überhaupt geschichtsmächtig sein kann. Wagner haderte zeitlebens mit dieser Frage, schon in den Zürcher Phantasien eines Bretter-Theaters für den *Ring*, das nach einigen Vorstellungen zusammen mit den Partituren verbrannt werden solle. Bis zuletzt, beim Bau von Festspielhaus und Villa Wahnfried, schwankte er zwischen einer unverhohlenen Selbstinszenierung zum monumentalen Denkmal seiner Person und dem Musikdrama als einzigartigem, unwiederholbarem Augenblick revolutionärer Emphase. Im Grunde bildet sich damit jedoch der Grundkonflikt zwischen Poesie, lyrischer Verdichtung, und Musik, epischer Verbreiterung, auf fundamentale Weise ab. Und dieser Grundkonflikt prägt bereits die Musik des *Rheingold*, vielleicht sogar auf eine besonders drastische Weise, die den späteren Teilen des *Ring* dann wieder vorenthalten blieb.

Damit allerdings ist das Musikdrama – ein Begriff, den Wagner in seinen Zürcher Schriften noch vermied – absichtsvoll janusköpfig. Das »Bühnenfestspiel«, beginnend mit dem *Rheingold*, verweist, wie es schon im Titel zu *Oper und Drama* heißt, zwar auf das »Drama der Zukunft«. Es entstand jedoch nach der gescheiterten Revolution und handelt vom Scheitern jener Gesellschaft, die dafür verantwortlich gemacht wird. Es maßt sich dabei einen Vorgriff auf eine revolutionäre Zukunft an, die jedoch höchstens eine Ahnung bleiben kann. Deswegen sind die Mittel und Methoden, die Wagner dabei anwendet, zwar verheißungsvoll auf diese Zukunft gerichtet, sie können aber nur aus jener Vergangenheit hervorgehen, von der sie sich absetzen wollen.

Dieses neue Drama setzt sich damit nicht nur aus dichterisch-musikalischen Perioden zusammen, es wird am Ende, in der Länge des gesamten Verlaufs, selbst zu einer solchen – und stellt dabei, schon im *Rheingold* mit der Verschiebung von Es-Dur nach Des-Dur, zugleich eines ihrer Grundprinzipien, die tonale Geschlossenheit, infrage. In einer vernichtenden Rezension der *Walküre* bemerkte der Kunsthistoriker Adolph Bayersdorfer 1870, dass jeder Aufzug »eine endlose Periode ohne Interpunktionen« sei.[6] Wagner hat den grundlegenden Widerspruch, der sich hier abzeichnet, in vollem Bewusstsein kalkuliert. Am Ende von *Oper und Drama* heißt es: »In diesem Leben der Zukunft wird dieß Kunstwerk Das sein, was es heute nur ersehnt, noch nicht aber wirklich sein kann: jenes Leben der Zukunft wird aber ganz Das, was es sein kann, nur dadurch sein, daß es dieses Kunstwerk in seinem Schooße aufnimmt.«[7] Die Vorstellung eines Kunstwerks, das etwas zu sein ersehnt, was ihm noch verwehrt bleiben muss, erweist sich als beunruhigend vage, was Wagner fortan stets beschäftigen sollte. Das damit verbundene Problem blieb im *Ring* selbstverständlich ungelöst, aber auch die Trias der folgenden Werke, *Tristan*, *Meistersinger* und *Parsifal*, lässt sich bloß als widersprüchliche Reaktion darauf verstehen, nicht jedoch als Antwort. Genau hierin, in der aufwendig herbeigeführten Grenzüberschreitung zwischen Utopie und Wirklichkeit, liegt jedoch eine der anhaltenden Herausforderungen begründet, die sich mit dem *Ring* verbinden. Das *Rheingold* bildet den Auftakt, den Vorabend dazu. Der Umstand, dass eine Lösung im *Ring* nicht erkennbar werden soll, macht diese Herausforderung, ungeachtet des inzwischen großen historischen Abstands zu ihrer Entstehung, nicht beruhigender – im Gegenteil.

II Erinnerung an die Zukunft

Mythisch-musikalische Erzählung in der *Walküre*

Im ersten Aufzug des *Siegfried* verwettet Mime seinen Kopf an den Wanderer, weil er dessen letzte Frage, wer denn das zertrümmerte Schwert Nothung wieder zusammenfügen könne, nicht zu beantworten vermag. Mime, der zuvor selbst drei Prüfungsaufgaben stellen durfte, wollte den ungebetenen Gast mit Erkundungen nach dem Weltenbau in die Irre führen. Doch der Gott konnte die ihm gestellten Fragen leicht beantworten: In der Tiefe der Erde hausen die Nibelungen mit Alberich, auf der Erde das Geschlecht der Riesen mit Fasolt und Fafner und in »wolkigen Höhn« die Götter mit Wotan in Walhall.[1] Es fehlen in dieser Skizze des Weltenbaus allerdings ausgerechnet – die Menschen, nach denen Mime auch gar nicht gefragt hat. Und doch dringen gerade sie, mit dem Beginn der *Walküre*, in das Weltendrama ein, und sie sind fortan, bis in das finale Bild der *Götterdämmerung*, vom Geschehen nicht mehr zu trennen. Denn die letzte Szenenanweisung beginnt, in der Version der Partitur, mit dem Satz: »Aus den Trümmern der zusammengestürzten Halle sehen die Männer und Frauen, in höchster Ergriffenheit, dem wachsenden Feuerscheine am Himmel zu.«[2] Ein ähnlich demonstrativer Hinweis findet sich zu Beginn der *Walküre*. Endete das *Rheingold*, der »Vorabend«, noch mit einer abendlichen Gebirgslandschaft samt Regenbogen, so zeigt der Beginn des »Ersten Tages« »das Innere eines Wohnraumes«.[3] Es ist das Haus, das Hunding mit seiner gewaltsam geehelichten Frau Sieglinde, die von ihren göttlichen Wurzeln nichts weiß, bewohnt. Und auch der gejagte Siegmund erscheint dort als Mensch. Nach der Nibelungen-, Riesen- und Götterwelt im *Rheingold* stehen also auf einmal die Menschen im Mittelpunkt.

Wagner hat diesen Umstand auf eine geradezu drastische Weise selbst hervorgehoben. Im Februar 1853 brachte er einen Privatdruck mit der Dichtung des *Ring* heraus, und diese Dichtung rezitierte er an vier Abenden des Jahres 1853 im Fest- und Ballsaal, im Petit Palais des Zürcher Hotels Baur au Lac. Das Drama war damit gewissermaßen in der Welt, aber eben allein als Text. Drei Jahre später entschied sich der Komponist, auch mit der Musik an die Öffentlichkeit zu treten. Ausersehen war dazu der erste Akt der *Walküre*, den er zunächst in einer Art Privatanlass, dann aber in einem öffentlichen Konzert uraufgeführt hat, ohne Szene und ohne Orchester, also als Verheißung dessen, was da eigentlich kommen sollte. Ort dieser Uraufführung im Oktober 1856 war abermals das Hotel Baur au Lac, derselbe Saal. Emilie Heim, eine Sängerin aus dem Zürcher Freundeskreis, sang die Sieglinde, Wagner selbst Siegmund und Hunding. Am Klavier saß niemand anderes als Franz Liszt. Der Abend muss aufsehenerregend gewesen sein, wie sich an der euphorischen Rezension in der *Neuen Zürcher Zeitung* erkennen lässt: »Wagner, Liszt und Frau Heim waren die Dollmetscher des Riesenwerkes, das, einzig in seiner Art, zu dem Grossartigsten und Herrlichsten gehört, was die musikalische Kunst je geschaffen.«[4] Und dann folgt die entscheidende Konsequenz: Wagners vielgeschmähte »Ideale eines ›Kunstwerkes der Zukunft‹ waren keine kunstphilosophischen Träumereien: *sie sind zur That geworden* und werden Epoche machend die ganze musikalische Welt bewegen«.

Die Umstände dieser Aufführung, mit der also das Werk für alle ersichtlich zur Tat werden sollte, sind jedoch bemerkenswert. Obwohl der Mythos zweifellos im Mittelpunkt des *Ring* steht, trat Wagner ausgerechnet mit der Menschenwelt erstmals an die Öffentlichkeit. Mehr noch, das »Innere eines Wohnraums« der mythischen Vergangenheit korrespondierte auf eigenartige Weise mit dem Uraufführungsort, dem Ball- und Festsaal eines Hotels der eigenen Gegenwart. Und der Komponist ging noch weiter. Er versammelte bei dieser Aufführung all jene um sich, die für sein Leben, seinen Alltag in Zürich von zentraler Bedeutung waren. Im Mittelpunkt stand dabei zweifellos der Kaufmann Otto Wesendonck, ebenfalls ein Sympathisant der Revolution von 1848, der sich 1850, im Alter von 35 Jahren, in Zürich zur Ruhe gesetzt hatte – gemeinsam mit seiner Frau Agnes, die seinetwegen den Vornamen Mathilde angenommen hatte. Zwischen ihr und Richard Wagner entwickelte sich ein schwärmerisches Verhältnis, dem, als doppelter Ehebruch, von vornherein die Aura der unentwegten Grenzüberschreitung und des Verbotenen anhaftete. Die Parallele zur inzestuösen Liebe zwischen Siegmund und Sieglinde wurde vom Komponisten sogar ostentativ und mehrfach heraufbeschworen, am deutlichsten wohl in der Kompositionsskizze zum ersten Akt, die im September 1854 abgeschlossen wurde. Denn diese ist übersät mit scheinbar kryptischen Anmerkungen, die sich allerdings weitgehend eindeutig auflösen lassen, wie: »Ich liebe dich doch!«, »Sei mir gegrüßt Mathilde!«, »Geliebte Mathilde dein Tristan!«, »Wenn du nicht wärst – Geliebte!!!«, »Du liebst mich auch!!«, »Ich liebe dich immer Mathilde!«. Und kurz bevor die »herrliche Frühlingsnacht« in die Szene einbricht, findet sich der Vermerk: »O wie ich dich liebe!« Überwölbt wird das alles von der Widmung auf der ersten Seite der Skizze: »Gruß dir Mathilde!«[5]

Ein zentraler Gedanke der im Vorfeld des *Ring* entwickelten Dramenkonzeption war einerseits das utopische Potenzial, die Annahme also, dass das »Kunstwerk der Zukunft« auf eine revolutionäre Zukunft der Gesellschaft verweisen sollte, ja, dass es allein sein Privileg war, dies überhaupt zu vermögen. Wagner, als überzeugter Linkshegelianer und Schopenhauer-Leser, war sich dabei jedoch stets bewusst, dass gerade deswegen das Musikdrama nicht strikt zu trennen war von jener Gegenwart, die es hervorbringen sollte. Dieser Konflikt zwischen dem utopischen Potenzial und den nicht abzustreifenden Bedingungen der konkreten Wirklichkeit beschäftigte ihn immer wieder, bis zum Bau des Festspielhauses in Bayreuth, er war unauflösbar – und sollte auch unauflösbar bleiben. Sein Mythos und das mit ihm verbundene mythische Erzählen verweisen also nicht, wie in romantischen Vorstellungen, in eine weit entfernte Gegenwelt, sondern sie sind stets durchdrungen von der eigenen Gegenwart. Diese wird, im Sinne Hegels, im Mythos zwar aufgehoben, aber sie verschwindet nicht. So durchzieht dieser Konflikt willentlich den gesamten *Ring*, bis in den enigmatischen Schluss hinein, bei dem die Menschen dem Untergang der Götterwelt ergriffen, also alles andere als teilnahmslos zusehen. Nur vor diesem Hintergrund wird jedoch erklärlich, dass sich, in der Uraufführung des ersten *Walküre*-Aktes, der Bühnenraum und der Ort der Aufführung auf eine so direkte, ja geradezu infame Weise überblenden sollten – als Vermischung von Gegenwart und Zukunft, zusammengehalten von einer mythischen Vergangenheit.

Wagner hat in seinen Schriften der frühen 1850er-Jahre stets behauptet, dass sich im Musikdrama alter Mythos und moderner Roman miteinander verbinden würden, also die dramaturgische Konstellation und die epische Umsetzung. Damit aber verliert ein zentrales Moment von Dramatik an Bedeutung: die logische, aus äußeren Konflikten abgeleitete Handlungsfolge. So, wie sich der Zürcher Hotelsaal des Jahres 1856 und der mythische Wohnraum der *Walküre* auf eine befremdliche Weise durchdringen, so durchdringen sich im Musikdrama Orte der Vergangenheit und Orte der Gegenwart – verbunden aber darin, dass sie sich auf eine imaginäre, utopische Zukunft beziehen. Wagner verabschiedet sich damit von einem äußeren Handlungsbegriff, immer wieder verweist er stattdessen darauf, dass alle Handlung allein aus »innerer Nothwendigkeit« hervorgehen müsse.[6]

Der Kernbegriff dieses auf die innere Notwendigkeit gerichteten Dramenentwurfs ist daher der psychische Erfahrungsraum, also das, was man »Erinnerung« nennt. In Wagners Dramaturgie geht es folglich nicht um die Logik von äußeren Handlungsmustern, sondern um das Ineinanderfließen von Erinnerung, Reflexion und innerem Antrieb. Auch dies ist Ergebnis des zivilisatorischen Verfalls, denn schließlich konnte »die Schönheit nur noch aus der Erinnerung erlernt« werden, »weil sie aus dem lebendigen Bewußtsein der Menschen bereits vollkommen verschwunden war«.[7] So ist auch der erste Aufzug der *Walküre* durchzogen von solchen Erinnerungen, bis hin zum ahnungsvollen, traumähnlichen Wiedererkennen der beiden Geschwister, von Siegmund ausdrücklich hervorgehoben: »Ein Minnetraum / gemahnt auch mich: / in heißem Sehnen / sah ich dich schon!«[8] Und diese Erinnerungen prägen das gesamte Werk, bis zum Ende, an dem Wotan seine Tochter Brünnhilde in träumenden Schlaf, also in den Zustand des Vorbewussten oder des Unbewussten versenkt. Das mythische Erzählen bei Wagner, dies zeigt sich im Verweis auf den zeitgenössischen Roman, führt daher nicht in eine imaginäre Vergangenheit. Es ist eine moderne Technik des Erinnerns und des Vergegenwärtigens, und erst daraus vermag sie, ihr utopisches Potenzial zu beziehen.

Die Konsequenzen für die musikalische Struktur sind von kaum zu überschätzender Bedeutung. Wagner hatte mit der Begründung der »dichterisch-musikalischen Periode«, also der montagehaften Aneinanderreihung von geschlossenen, aus dem Wortakzent abgeleiteten Abschnitten eine neue Form der episch-musikalischen Syntax begründet. Da das für den Gesang zentrale Moment der Melodie (und mit ihm das der musikalischen Gliederung) auf diese Weise in den Hintergrund rückte, stellte sich die Frage nach der musikalischen Organisation der so erzeugten mythischen Erzählung. Der ihm so verhassten Oper hielt er vor, dass deren szenische Wirklichkeit eben nicht aus »innerer Nothwendigkeit« hervorgehe, sondern, wie im Roman, »aus der äußeren Nothwendigkeit der Umgebung«.[9] Dies erschien ihm als ein Vorgang unerträglicher Entfremdung. Er suchte folglich nach einem musikalischen Zusammenhang, der nicht einer äußeren Umgebung bedurfte, sondern aus einer Mischung von Erinnerung, Vergegenwärtigung und vorausschauendem Antrieb hervorgehen konnte.

Die entscheidende musikalische Figur, die ihm dies ermöglichte, war das, was später »Leitmotiv« genannt wurde. Wagner selbst verwendete den von Hans von Wolzogen geprägten Begriff erst spät, in jedem Fall erst nach der Uraufführung des *Ring*. Seine früheren Versuche, das Verfahren zu charakterisieren, sind absichtsvoll sehr viel vager: So benennt Wagner »diese ahnungs- oder erinnerungsvollen melodischen Momente« oder diese »dramatischen Motive«, er spricht von »Grundthemen« oder »Gefühlswegweisern«.[10] Das alles ist ungenau, teilweise auch (wie »thematische Motive«) tautologisch, aber in jedem Fall weit entfernt von der dogmatischen Schärfe des Begriffs »Leitmotiv«. Seine Terminologie zielt also, anders als bei einem klar definierten periodischen Bau, auf etwas Unbestimmtes, Ungenaues – und auch Ungenormtes. Immer wieder ist Wagner darauf zu sprechen gekommen, dass hierin, in der Verknüpfung von Erinnerung, Vergegenwärtigung und Ahnung, die zentrale Rolle des Orchesters liege. Es »begleitet« nicht Gesang, es erläutert ihn auch nicht – obwohl Wagners Vergleich zum Chor in der antiken Tragödie eine solche Funktion oberflächlich nahelegen könnte. Es erschließt vielmehr einen Ahnungs- und Erinnerungsraum und weitet das Gesagte damit in eine Dimension des Un- oder Vorbewussten.

Auch wenn diese Technik den *Ring* von Anfang an prägt, so ist es doch auffällig, dass sie im ersten Aufzug der *Walküre* besonders deutlich entwickelt wird, und dies sogar noch im direkten Zusammenhang mit dem *Rheingold*. Gemeint ist hier der punktierte C-Dur-Dreiklang der Trompete, den man später »Schwertmotiv« genannt hat. Wie verkürzend und verzerrend eine derartige Terminologie ist, lässt sich aber gerade an diesem Beispiel gut erkennen. Nach dem von Donner ausgelösten Gewitter erscheint Walhall in der Abendsonne, Wotan besingt die Herrlichkeit der Burg, in es-Moll beginnend (obwohl Ges-Dur eigentlich schon erreicht ist). Und doch erfasst ihn die Angst vor dem Untergang. Völlig unvermittelt wechselt der Charakter der Musik, und die Zäsur wird dramatisch markiert: mit plötzlichem Fortissimo, Taktwechsel, abrupter Wendung nach C-Dur – und dem »sehr energisch« zu spielenden Trompeteneinsatz. Dieses C-Dur-Motiv, das dort erklingt (eben das »Schwertmotiv«), hat aber kein Gegenstück auf der Szene. Wotan steht einfach stumm da, »wie von einem großen Gedanken ergriffen, sehr entschlossen«.[11] Es bleibt vollkommen unklar, woran er denkt, denn er singt nicht einmal mehr.

Im ersten Aufzug der *Walküre*, die handlungschronologisch sehr viel später einsetzt als das Ende des *Rheingold*, wird dieser »Gedanke« jedoch aufgegriffen. Nachdem Sieglinde Hunding das Schlafmittel verabreicht hat, bringt sie ihn zu Bett. Auf dem Weg wirft sie Siegmund einen »sehnsüchtigen Blick« zu, mit dem »sie ihn endlich auf eine Stelle im Eschenstamme bedeutungsvoll auffordernd hinweist«. Das Motiv erklingt zwar wiederum mit Taktwechsel, aber piano und nicht in C-Dur, zudem gespielt von der tieferen Basstrompete – und noch immer ohne szenisches Äquivalent. Als nächster Schritt erweist sich Siegmunds großer Monolog, in dem er sich daran erinnert, dass der Vater ihm ein Wunderschwert verheißen habe – was aber nicht eingetreten sei. Zum ersten Mal ist also überhaupt von einem Schwert die Rede. Nach seinem Klageruf entdeckt er den Griff dieses Schwertes im Eschenstamm, und die Plötzlichkeit wird durch das abrupte Flirren der Streicher und den nun »sehr bestimmt« im Forte zu spielenden Trompeteneinsatz hervorgehoben. Siegmund kommentiert diesen Eindruck zwar (»Was gleißt dort hell / im Glimmerschein?«),[12] kann ihn aber noch nicht wirklich fassen und den Gegenstand auch nicht benennen.

Der letzte Schritt dieser »Epiphanie« vollzieht sich am Ende des Aufzugs. Sieglinde weist Siegmund darauf hin, dass Wotan das Schwert für ihn in den Eschenstamm gestoßen habe. Siegmund greift die Waffe, kündigt sogar an, sie aus dem Stamm zu reißen – und zieht sie schließlich »mit einem gewaltigen Zuck« heraus.[13] Er zeigt es dann der staunenden Sieglinde. Nun erscheint das Motiv, wieder durch einen Doppelstrich abgetrennt, mit vollem Orchester (und sechs Harfen) in leuchtendem C-Dur (obwohl der Aufzug in G-Dur schließt). Auf einmal ist das Motiv mit einer dinghaften Präsenz verbunden, auf die Siegmund sogar demonstrativ verweist. Doch deutet die Herleitung die Komplexität von Wagners Technik an. Nur ausnahmsweise, in der ungebrochenen Präsenz, können die Dinge, Motiv und Gegenstand, zusammenfallen, sie müssen es aber nicht – im Gegenteil. Alle denkbaren Konfigurationen zeigen sich ebenfalls in der *Walküre*. Sieglinde verweist auf etwas, das eine Erinnerung ist; Siegmund entdeckt etwas, das eine Ahnung ist; am Ende des Aufzugs erlangt es zwar Präsenz, doch im zweiten Aufzug verblasst es wieder zur Erinnerung. Überwölbt wird das alles von der Konstellation im *Rheingold*-Schluss, denn nun, in der *Walküre*, wird klar, dass Wotan sich in seinem »großen Gedanken« an etwas erinnert hat, was erst in der Zukunft liegt. Und bei alledem wird, durch die Präsenz des Motivs selbst, der Zuhörer zu einer Art von Instanz, weil er stets mehr weiß als die Handelnden.

In der Menschenwelt des *Walküre*-Beginns wird Wagners Motivtechnik beispielhaft vorgeführt. Sie wird damit selbst zu einer musikalischen Technik, die, selbstverständlich, ihre Wurzeln zwar in der Vergangenheit hat. Sie verwirklicht sich aber erst in der dichterisch-musikalischen Periode der Gegenwart, gewissermaßen als deren Subtext – und verweist darin auf die Zukunft. Wagners Berufung auf die »innere Notwendigkeit« und die Abkehr von der Oper waren nicht einfach nur ein revolutionäres Politikum. Denn Erinnerung, Vergegenwärtigung und vorausschauenden Antrieb betrachtete er als genuine und einzigartige Eigenschaften der Zeitkunst Musik. Deswegen bewunderte Wagner auch Beethoven, der »sich der absoluten Melodie bemächtigte, sie gewissermaaßen auflöste, zerbrach, und ihre Glieder durch neue organische Belebung zusammensetzte, um den Organismus der Musik selbst zum Gebären der

Melodie fähig zu machen«.[14] Die Grundlage allerdings bildete, so Wagners Kritik, das Fortschreiben einer abstrakten musikalischen Syntax, die sich am Ende ungebührlich vom Wort entfernt habe. Diese Deutung hatte Wagner zu seiner ebenso fragwürdigen wie spektakulären Interpretation der Neunten Sinfonie veranlasst: als Krise der Sinfonie und damit der musikalischen Geschichte überhaupt.

Das mythische Erzählen in der Musik ereignet sich für ihn grundsätzlich anders, weil die Töne zwar vom Wort gezeugt sind, weil sich ihr Zusammenhang allerdings nicht über feste formale Strukturen oder den Modus der logischen Fortschreitung vollzieht. Anders als im *Rheingold*, wo dieser Weg noch allein mit den auf die Opernbühne zurückgeholten Gottheiten beschritten wird, agieren in der *Walküre* nun Menschen. Der absoluten Zeitlichkeit der Musik, auf die Wagner immer wieder hinwies, erwächst die Möglichkeit des Erinnerns, des Reflektierens und des Ahnens. Diese Verbindung von wortgezeugter Syntax und erinnernder Motivik verdichtet sich zu einem multiplen Raum, der nicht eindimensional sein soll – auch nicht in der zeitlichen Wahrnehmung. Denn nur so wird es plausibel, dass Wotan sich an etwas erinnert, was noch geschehen wird, und nur so wird es plausibel, dass man sich im *Ring* fortwährend an Dinge erinnert, die doch vor aller Augen geschehen sind. Ein Rezensent der Münchner Aufführung der *Walküre* bemerkte 1870 dazu kritisch, dass das Werk »schwer an der epischen Eigenschaft des Stoffes« leide, denn Wagner lasse »Dinge wiederholen, die wir längst kennen, wir hören Erzählungen zwei-, dreimal, die wir selbst erlebt haben«.[15]

Der Umstand, dass das »Kunstwerk der Zukunft« nicht ohne jene Gegenwart zu denken ist, die es hervorbringt, durchzieht als Herausforderung den gesamten *Ring*. Deswegen bedarf auch dieses Drama jener Menschen, die in der *Walküre* erstmals auftreten, die Mime einfach vergessen sollte und die doch am Ende übrigbleiben werden. Die mythisch-musikalische Erzählung Wagners ist ohne diese Brechung nicht vorstellbar, und vielleicht hat er sie deswegen so bedeutungsvoll mit der ersten öffentlichen Präsentation des *Ring* verbunden. Es spricht alles dafür, dass Wagner diese Brechung als lebenslange Herausforderung begriffen hat – ungeachtet der Tatsache, dass ausgerechnet sie nach seinem Tod, in Cosimas Bayreuth, nahezu vollständig eliminiert werden sollte.

III Eine »furchtbar majestätische Musik«

Siegfrieds Lieder und die Bedeutung des Gesangs im *Ring*

Immer wieder war Richard Wagner um eine ästhetische Grundlegung von Theater, von musikalischem Theater bemüht, und dies nicht selten im komponierten Werk selbst. Bereits in seinem zweiten Bühnenstück, dem *Liebesverbot*, steht als Höhepunkt gegen Ende ein vorgeführter Gesang auf der Szene, das rauschhafte, entfesselte, zur Revolution aufrufende Karnevalslied des Helden Luzio, das sogar als solches angekündigt wird: »Ich sing' Euch jetzt ein Carnevalslied, es ist das tollste aller Lieder!«[1] Im *Tannhäuser*, einer Künstleroper, geht es um die Macht und Gestalt des Gesanges selbst, kulminierend im Sängerwettstreit des zweiten Aufzugs. Auch die *Meistersinger* sind eine solche Künstleroper, bereits im ersten Aufzug wird Gesang als Gesang vorgeführt, zunächst und anhaltend immer am Rande des Scheiterns – bis dann endlich auf der Festwiese ein Lied, nach Stunden der Annäherung, unwiderruflich gelingt. In Anlehnung an den Literaturwissenschaftler Gérard Genette (der den Terminus allerdings nicht erfunden hat) spricht man hier vom »diegetischen Gesang«, also Gesang, der auf der Bühne ausdrücklich als solcher erscheint.[2]

Um so erstaunlicher ist es, dass es ausgerechnet im *Ring des Nibelungen*, dem Musikdrama und Bühnenfestspiel, theoretisch aufwendig, kompliziert und in jahrelanger Arbeit hergeleitet, und zwar als endgültiger Bruch mit der Operntradition und zugleich als nachrevolutionärer Neubeginn, solche selbstbezüglichen Szenen nicht gibt. Gesang erscheint zwar in allen Schattierungen, doch stets unter der Prämisse, die in *Oper und Drama* ausführlich erläutert wurde, als bedingungslose Einheit von Vers und Musik, also eben nicht »vorgeführt«, sondern überhöht zur »Einheit des Raumes und der Zeit«.[3] Nur eine einzige Ausnahme gibt es, es ist der Gesang, den Siegfried anstimmt, als er das zerborstene Schwert Nothung schmieden will. Anders als in *Liebesverbot, Tannhäuser* oder *Meistersinger* kennt dieser Gesang jedoch keine Zuhörer auf der Bühne, Siegfried singt für sich selbst bei der Arbeit, Zeuge ist allein der zuvor und lebenslang gescheiterte Schmied Mime – sowie der Zuschauer vor der Bühne.

Bei Siegfrieds Gesang handelt es sich genau genommen um zwei verschiedene Lieder – auch der Komponist selbst benutzte dafür immer den Plural –, nämlich eines beim Schmelzen des Stahls und eines beim Schmieden. Dabei führt der tonale Weg vom dunklen d-Moll zum euphorischen D-Dur des Aktschlusses. Es sind, auch dies ist verblüffend im *Ring*, Lieder in klar erkennbaren Strophen. Bei Siegfrieds Liedern handelt es sich also um traditionellen Gesang, und dieser widerspricht damit der umfassend begründeten, für die Tetralogie maßgeblichen Vorstellung einer »dichterisch-musikalischen Periode« ganz und gar. Es stellt sich daher die Frage, warum der Held dies überhaupt tut, warum er es in diesem Augenblick tut – und was das für das Verständnis der Musik und des Singens im *Siegfried*, ja in der gesamten Tetralogie eigentlich bedeutet.

Siegfried singt bei einer handwerklichen Arbeit, die er, zum Entsetzen des professionellen Schmiedes Mime, nie erlernt hat. Bei seiner in naiver Unschuld in Angriff genommenen Tätigkeit entdeckt er jedoch nicht allein die Geheimnisse der Schmiedekunst, sondern zugleich die der Musik, die er ebenfalls nicht erlernt hat. Bereits im projektierten Bühnenvorhaben *Wieland der Schmied*, 1850 im Umfeld der *Ring*-Konzeption entworfen, verbinden sich tätige Arbeit und Gesang ganz unmittelbar und auf eine ähnliche Weise. Dort heißt es zu Beginn des dritten Aktes, der in »Wieland's Schmiede mit einer breiten Esse in der Mitte« spielt, über den Helden Wieland, der »das kunstreichste unerhörteste Werk« erfinden will: »Dann greift er denn mit alter Lust wieder zu den Werkzeugen, und ein rüstiges feuriges Lied enttönt seinem Munde zum Sausen der Schmiedebälge, zum Sprühen der Funken, zum Takte des Hammers. – Da drängen sich wieder wilde, grelle Ausrüfe in sein Lied: ein ungeheurer Ekel faßt ihn plötzlich vor seiner Sklavenarbeit.«[4]

Eine solche Verbindung von tätiger Arbeit und Gesang prägt dann das Finale des ersten *Siegfried*-Aufzugs. Auch dort will der Held etwas ganz Neues erschaffen, ein Schwert, das lediglich aus der Erinnerung an seine Mutter entstehen soll. Doch, wie bei Wieland, wird dieser neue, dieser radikale Schöpfungsakt nicht nur ein legendäres Werkzeug hervorbringen, sondern zugleich, in einer nie dagewesenen Form der Synthese, die Musik. Siegfrieds Lieder erklingen buchstäblich in jenem Augenblick, in dem die Funken sprühen. Der goldene Ring, den Mime auf Befehl Alberichs schmieden musste, zeitigt überall Zerstörungen, bis in den finalen Untergang. Ring und Tarnhelm werden zwar hergestellt, aber ohne Zeugen vor und auf der Bühne – sie sind bereits da, als Wotan und Loge Nibelheim erreichen. Nur ein einziges Mal wird also auf der Bühne tatsächlich etwas erschaffen, vor den Augen des Publikums, eben das Schwert Nothung. Und genau in diesem Moment entsteht zugleich, vor denselben Zeugen, auch die Musik.

Diese seltsame Parallelität ist erklärungsbedürftig, denn das Schwert verdankt sich einem Handwerk, der Gesang hingegen ist Kunst. Davon spricht auch Wagner im Blick auf die Antike: »Und so gelangen wir dahin, den wesentlichen Unterschied fest und scharf zu bezeichnen, nämlich: die griechische öffentliche Kunst war eben *Kunst*, die unsrige – künstlerisches *Handwerk*.«[5] In der allerältesten Schicht der musikalischen Überlieferung, in der antiken Geschichte des Pythagoras, der vor einer Schmiede die Geheimnisse der Musik entdeckt hat, der also im Schlag der Hämmer die Proportionen der Intervalle erkannte, wird jedoch ausgerechnet diese Verbindung erstmals gezogen. Noch in *Religion und Kunst* von 1880 ist Wagner daher auf die fundamentale Bedeutung des Pythagoras zu sprechen gekommen: »Ein Mysterium hüllte Pythagoras ein, den Lehrer der Pflanzen-Nahrung: kein Weiser sann nach ihm über das Wesen der Musik nach, ohne auf seine Lehre zurückzukommen.«[6] Es kann also kein Zweifel bestehen, dass Siegfrieds Gesang am Ende des ersten Aufzugs, kurz vor der langjährigen Unterbrechung der kompositorischen Arbeit am *Ring*, dazu dienen soll, das »Wesen der Musik« zu ergründen.

Siegfrieds Schmieden soll demnach ein Schwert hervorbringen, das den Fluch des ebenfalls geschmiedeten Rings zu tilgen weiß. Zugleich soll der dabei geradezu herausbrechende Gesang eine ganz neue, ganz andere Art von Musik erschaffen, eine Musik, die sich der Fesseln der Tradition zu entledigen vermag – und die sie dennoch zugleich, im Sinne Hegels, in sich aufhebt. Siegfried selbst ist also eine Künstlerfigur, aber, anders als Luzio, Tannhäuser oder Walther, nicht eine, deren Dasein sich über die Musik bestimmt. Auch Mime glaubt von sich selbst, er sei ein Künstler. Doch er ist es nur ex negativo. Denn er beherrscht zwar sein Handwerk, doch das Schwert gelingt ihm gerade nicht. Und so bleibt ihm zugleich der Gesang verwehrt. Siegfried beobachtet ahnungslos, dass Mime einen Gifttrank für ihn braut – und wirft ihm dabei dieses Versagen direkt vor: »Mime, der Künstler, / lernt nun kochen; / das Schmieden schmeckt ihm nicht mehr; / seine Schwerter alle / hab' ich zerschmissen.«[7]

Siegfrieds Gesang an der Schmiede, den Mime mit seiner Bosheit unentwegt zu stören versucht, ist also ein Zeichen für eine neue, eine andere Musik – vergleichbar der befreienden Kraft des Schwertes, zu deren Herstellung er entsteht. In dem Augenblick, in dem die Musik zum einzigen Mal ausdrücklich auf der Szene des *Ring* vorgeführt wird, als diegetischer Gesang, in jenem Moment, in dem der Titelheld sich vergisst und ein Lied anstimmt, wird er zu einer Künstlerfigur – aber zu einer Künstlerfigur, in der sich, gemäß der Forderung von Wagners ästhetischen Schriften, Kunst und Leben miteinander verbinden können. Das aber führt auf eine unmittelbare Weise ins Zentrum der *Ring*-Ästhetik und damit auch zur Selbstpositionierung Wagners.

Denn nach der gescheiterten Revolution hat sich der Komponist, mitten im Projekt der Tetralogie, immer wieder auf die Metapher des Schmiedens berufen. Am 30. März 1853 schrieb er etwa an Franz Liszt: »Ich muß mir künstliche Schwingen schmieden, da nun einmal alles künstlich um uns herum ist, und die Natur überall gebrochen und geknickt ist! – Also – höre und erhöre! Laß mich recht bald, laß mich schnell gewiß und mit Bestimmtheit wissen, ob ich zurück darf nach Deutschland oder nicht!«[8] 1857 schrieb er an Julie Ritter in Dresden, bereits nach der Unterbrechung der Arbeiten am *Ring*: »Nun sind die Nibelungen für ein Jahr eingeschlossen: hoffentlich verlieren sie bis dahin nichts von ihrer Frische für mich, und während der Tristan dann der Welt einmal wieder etwas von mir erzählt, schmiede ich dann still an meinem grossen Werke weiter, für das ich mir die Welt aber erst noch gehörig zurecht legen können muss, ehe ich's ihr vorführen kann.«[9] Und noch im Mai 1878, nach der Uraufführung der gesamten Tetralogie, benutzte Wagner dasselbe Bild gegenüber Ludwig II., nun ausdrücklich gemünzt auf *Wieland, der Schmied*: »So kam ich mir eben recht wie Wieland der Schmiedt vor, als er sich voll Enthusiasmus auf den Krücken zum Herde hinschleppt, um sich Flügel zu schmieden.«[10]

Die verblüffende Verbindung zwischen Kunst und Handwerk wird damit zu einer zentralen Stelle im ganzen *Ring* – auch vor dem Hintergrund, dass das von Siegfried geschmiedete Schwert seine Wirkung nicht entfalten kann, obwohl es bis zum Ende der *Götterdämmerung* erhalten bleibt und von Brünnhilde noch in ihrem Schlussgesang erwähnt wird. Die Herstellung des Schwertes unter Gesang verkörpert also die von Wagner für das nachrevolutionäre Musikdrama proklamierte Verbindung von Kunst und Leben: Das Schmieden ist die Tätigkeit des Lebens, die Kunst der Musik ist mit ihm untrennbar verbunden. In *Die Kunst und die Revolution* von 1849 bestimmte er dieses Verhältnis zwischen Kunst und Handwerk grundsätzlich: »Der *Künstler* hat, außer an dem Zwecke seines Schaffens, schon an diesem Schaffen, an der Behandlung des Stoffes und dessen Formung selbst Genuß; sein Produziren ist ihm an und für sich erfreuende und befriedigende Thätigkeit, nicht Arbeit. Dem *Handwerker* gilt nur der Zweck seiner Bemühung, der Nutzen, den ihm seine Arbeit bringt; die Thätigkeit, die er verwendet, erfreut ihn nicht, sie ist ihm nur Beschwerde, unumgängliche Nothwendigkeit, die er am liebsten einer Maschine aufbürden möchte: seine Arbeit vermag ihn nur aus Zwang zu fesseln; deshalb ist er auch nicht mit dem Geiste dabei gegenwärtig, sondern beständig darüber hinaus bei dem Zwecke, den er so gerade wie möglich erreichen möchte. Ist nun aber der unmittelbare Zweck des Handwerkers nur die Befriedigung eines eigenen Bedürfnisses, z. B. die Herstellung seiner eigenen Wohnung, seiner eigenen Geräthschaften, Kleidung u. s. w., so wird ihm mit dem Behagen an den ihm verbleibenden nützlichen Gegenständen allmälig auch Neigung zu einer solchen Zubereitung des Stoffes, wie sie seinem persönlichen Geschmacke zusagt, eintreten; nach der Herstellung des Nothwendigsten wird daher sein auf weniger drängende Bedürfnisse gerichtetes Schaffen sich von selbst zu einem künstlerischen erheben: giebt er aber das Produkt seiner Arbeit von sich, verbleibt ihm davon nur der abstrakte Geldeswerth, so kann sich unmöglich seine Thätigkeit je über den Charakter der Geschäftigkeit der Maschine erheben; sie gilt ihm nur als Mühe, als traurige, saure Arbeit.«[11] Mit den Worten Mimes vom Beginn des *Siegfried* könnte man ergänzen: als »zwangvolle Plage! / Müh' ohne Zweck!«[12]

Nur ein vom Zweck befreites Handwerk vermag es, echte Kunst hervorzubringen. Wagners vernichtende Kritik an der Oper seiner Zeit gründet in diesem Vorbehalt, weil sie sich, so seine Überzeugung, auf ein Handwerkliches reduziert, also zur mechanischen, entfremdeten Kunst geworden ist. Erst in der Revolution kann es der Musik gelingen, diese Fesseln wieder abzustreifen. Dies aber ist, so Wagners Vorstellung, geknüpft an ein Handwerk, das selbst von allem Zweck befreit ist. Das aber ist nur möglich im Sinne einer hegelianischen Aufhebung: aus dem Schmieden entsteht zwar ein Schwert, aber nicht intentional als Waffe, und dazu ertönt ein Gesang, der zwar »traditionell« ist, im Sinne der Strophenform, der aber diese Tradition zugleich aufhebt. Wagner hielt diesen Charakter der »vorgeführten« Musik des Siegfried für etwas fundamental Neues. Im Mai 1857 teilte er das auch stolz Franz Liszt mit: »Aber nun bin ich mir doch klar geworden, und wenn Du einmal die Schmelz- und Schmiede-Lieder Siegfrieds hören wirst, sollst Du was Neues von mir erfahren.«[13] Dieses Neue präzisierte er sechs Jahre später in einem Brief an Mathilde Maier: »Als ich eines Morgens das Schmelzlied laut und hell bei offenem Fenster spielte und sang, hatte mein Nachbar [Otto Wesendonck] draußen zugehört, und frug mich nun herüber, was denn das für eine furchtbar majestätische Musik wäre. Ich sagte ihm, daß Siegfried dabei mit einem großen Schmiedebalge die Gluth nähre, welche die Stahlspäne des von ihm zerfeilten Siegschwertes (das einst in den Händen seines sterbenden Vaters in zwei Stücken zersprungen) zu Brei verschmelzen sollte. Dazu hatte er nöthig im Walde zuvor die mächtigste Esche zu fällen, und zu Kohle zu verbrennen; die Funken der Zornigen sprühen ihn an. Es hilft ihr nichts; sie muß brennen und ihm den Stahl schmelzen. Daraus wird dann ein furchtbar hartes Schwert, das dazu taugt, die kühnste Tat zu verrichten. ›Sie sehen‹, sagte ich, ›eine schreckliche Art von Künstler, drum klingt auch sein Gesang fast wie majestätische Klage.‹«[14]

Als der Wanderer auf der Szene erscheint, kurz bevor es zum Schmieden des Schwertes kommt, singt er, seltsam dekontextualisiert, in der Art eines Chorals. Dieser Gesang in seiner Fremdheit ist eine Art von Erinnerung an ein untergegangenes, als überholt erachtetes System des Singens, ein System der Technik und des Wissens, das einzig durch dieses ambivalente Wissen noch Mime überlegen ist. Siegfrieds Tat des Schmiedens, das Mimes verzweifeltes Singen am Beginn des Aufzugs buchstäblich aufhebt, wird dieses Wissen zugleich überwinden und auslöschen. Wotan, der traurige Gott, kann Mime zwar noch belehren, aber am Schluss nicht mehr eingreifen: »Zieh hin! Ich kann dich nicht halten!«[15] Es gibt eben keine Tat mehr, die ihn erlösen könnte. Das Erscheinen des rat- und tatlosen Wanderers in der Schmiede, die durch Siegfried vom Ort des Versagens zum Ort der Tat wird, ist zugleich eine Gegenüberstellung von zwei Welten, des Alten und des Neuen. Siegfrieds Lieder sind deswegen zugleich der musikalische Ausdruck der Überwindung von Wotans Scheitern, weil es sich um Musik handelt, die aus einer Tat entspringt, zu welcher der Gott nicht mehr fähig ist. Im *Kunstwerk der Zukunft* stellt Wagner diesen Zusammenhang ausdrücklich her, denn nirgends sonst wird das Verhältnis von Kunst und Leben auf eine so dramatische Weise veranschaulicht wie in Mimes Werkstatt. »Kann die Kulturkunst von ihrem abstracten Standpunkte aus *in das Leben* dringen, oder – muß nicht vielmehr *das Leben in die Kunst* dringen? das Leben aus sich heraus die ihm allein entsprechende Kunst *erzeugen*, in ihr *aufgehen*, – statt daß die Kunst (wohlverstanden: die *Kulturkunst*, die außerhalb des Lebens entstandene) aus sich *das Leben erzeuge* und in ihm *aufgehe*?«[16]

Mit dem Schmieden von Siegfrieds Schwert dringt das Leben also auf eine beispielhafte Weise in die Kunst ein, so wie die Musik an dieser Stelle ausdrücklich, diegetisch in den *Ring* eindringt. Das Leben erzeugt in Mimes Werkstatt eine nie dagewesene Musik, die zwar traditionelle Elemente in sich enthält, diese aber zugleich aufhebt. Das ist sogar direkt hörbar, in den Hammerschlägen, welche die Lieder begleiten. Das Leben, das Wagner in dieser Musik beschwört, ist ein geläutertes Leben, ein Leben, das keiner durch Nutzen bestimmten Tätigkeit mehr bedarf. Der Waldvogel, von einer Knabenstimme zu singen, wirkt wie eine Erinnerung an diese diegetische Situation. Erst diese eigenartige Zusammenführung von Kunst und Leben erzeugt jene furchtbare Majestät, jenes Rohe und Entsetzliche, welches nur das Erhabene kennt, eben Siegfrieds Gesang an der Schmiede. Im *Kunstwerk der Zukunft* hat Wagner auch diesen Sachverhalt beschrieben und daraus die letzte Konsequenz gezogen, in der Auslöschung des Bewussten in aller Kunst: »So und nicht anders muß die Künstlerschaft der Zukunft beschaffen sein, sobald sie eben kein anderer Zweck, als das Kunstwerk, vereinigt. Wer wird demnach aber der *Künstler der Zukunft* sein? Der Dichter? Der Darsteller? Der Musiker? Der Plastiker? – Sagen wir es kurz: *das Volk. Dasselbige Volk, dem wir selbst heut' zu Tage das in unserer Erinnerung lebende, von uns mit Entstellung nur nachgebildete, einzige wahre Kunstwerk, dem wir die Kunst überhaupt einzig verdanken.*« Diese neue Figur also ist die »schreckliche Art von Künstler«, als die ihm Siegfried galt.

So kommt Wagner, ganz am Ende seiner Schrift, im vorletzten Absatz, ausdrücklich auf die Metapher des Schmiedens in diesem Sinne zurück. Dabei rückt, erstaunlich genug, Wieland der Schmied ins Zentrum (also ein Projekt, das in der Öffentlichkeit unbekannt war): »Da schwang die *Noth selbst* ihre mächtigen Flügel in des gemarterten Wilands Brust, und wehte Begeisterung in sein sinnendes Hirn. Aus *Noth*, aus furchtbar allgewaltiger Noth, lernte der geknechtete Künstler erfinden, was noch keines Menschen Geist begriffen hatte. *Wiland fand es, wie er sich Flügel* schmiedete! *Flügel*, um kühn sich zu erheben zur Rache an seinem Peiniger, – *Flügel*, um weit hin sich zu schwingen zu dem seligen Eilande seines Weibes! – Er that es, er vollbrachte es, was die *höchste Noth* ihm eingegeben. Getragen von dem *Werke seiner Kunst* flog er auf zu der Höhe, von da herab er Neidings Herz mit tödtlichem Geschosse traf, – schwang er in wonnig kühnem Fluge durch die Lüfte sich dahin, wo er die Geliebte seiner Jugend wiederfand. – – *O einziges, herrliches Volk! das hast Du gedichtet, und Du selbst bist dieser Wiland! Schmiede Deine Flügel und schwinge Dich auf!*«[17]

Siegfrieds Gesang bezeichnet daher einen einzigartigen Wendepunkt im *Ring*. In Mimes Schmiede, in der Vorstellung des hämmernden und singenden Helden wird die Figur des Künstlers der Zukunft auf einmal ganz bildlich, ganz plastisch. Siegfrieds Lieder bilden daher keinen kuriosen Sonderfall in der Tetralogie, sie veranschaulichen das Entstehen einer neuen, einer anderen Musik – und damit die Grundlagen des Gesangs im Musikdrama überhaupt. Kunst und Leben verbinden sich hier, sichtbar und vorgeführt. Der Held, der dies hervorbringt, wird zwar scheitern, doch das Schwert und der aus ihm hervorgegangene Gesang sollen als Grundlage des nachrevolutionären Musikdramas Bestand haben – weswegen Siegfried als erste Tat das Werkzeug, also den Amboss, mit dem Schwert zerstört. So handeln die *Meistersinger*, das Drama der geglückten Revolution und der geschaffenen Republik der Kunst, auch, in der Figur des Schusters Sachs, von der gelingenden Einheit von Musik und Handwerk, von Kunst und Leben. Ausgerechnet Friedrich Nietzsche ist 1883 auf diesen Zusammenhang zurückgekommen, als er in einem Fragment festhielt: »Alle Schaffenden müssen harte Hämmer werden! Heran zu mir, du furchtbarster *Schmied*, der den Hammer selber hart schmiedet.«[18]

IV Ende und Anfang

Die Aufhebung von Tradition und Geschichte in der *Götterdämmerung*

Wagner entwickelte, wie oft hervorgehoben wurde, sein Weltendrama *Der Ring des Nibelungen* vom Ende her, also von Siegfrieds Tod aus. Der Gedanke, ein dramatisches Werk von seinem Zielpunkt gleichsam Stück für Stück nach vorne aufzufalten, widerspricht schon äußerlich jeder traditionellen Dramaturgie, vor allem in der Oper. Deren dramatisches Potenzial lag ja darin, zielgerichtet und dynamisch auf den Schluss hinzuführen. Wagner hat den umgekehrten Weg, also vom Finale immer weiter zurückzugehen, 1851 erstmals ausdrücklich benannt. Und er hat ihn dann mit aller Konsequenz beschritten. Dieses Verfahren war, begleitet von einer spektakulären Folge theoretischer und ästhetischer Erörterungen, entscheidend für eine ganze Reihe von folgenreichen kompositorischen Entscheidungen. Dazu zählen: der Gedanke der »dichterisch-musikalischen Periode« und die aus ihr hervorgehende additive kompositorische Syntax, also die Aneinanderreihung einzelner geschlossener Abschnitte; das Erinnerungs- oder Leitmotiv, also die Idee, sich in und durch Musik an etwas Unbewusstes, Ungenaues, Unscharfes erinnern zu können, auch wenn diese Erinnerung oft gekoppelt war an ein »Ding« (zum Beispiel das Schwert oder die Burg Walhall); die Aufkündigung linearer Erzählmuster, weil es damit zugleich möglich werden konnte, sich durch Musik, wie erstmals Wotan am Ende des *Rheingold*, sogar an etwas zu erinnern, was noch gar nicht geschehen ist.

Das alles prägt nicht nur den Charakter, sondern die Technik des neuartigen Dramas. Denn der *Ring* ist durchzogen von Szenen, in denen Vergangenes, das dem Zuschauer längst bekannt ist, immer wieder neu und ausführlich erzählt wird. Das gilt dann sogar für das Ende selbst. Erst durch die aufkeimende Erinnerung an das Vorausgehende, an seine eigene Geschichte beschwört Siegfried seine Ermordung durch Hagen herauf. Und Brünnhildes Schlussgesang ist geprägt, ja regelrecht ausgelöst vom Gedenken an Siegfried und sein Scheitern. Dazu erinnert sich die Walküre an die Frage der zweiten Norn des Vorspiels (obwohl sie diese nie gehört haben kann) und rückt sie gleich in die endgültige Vergangenheitsform: Das »Weißt du wie das wird?« verwandelt sich bei ihr zu: »Wisst ihr wie das ward?«[1]

Die zunehmenden Schwierigkeiten, die Wagner mit der Vollendung des *Ring* bekam, waren begründet im Verhältnis des Dramas zur Revolution. Diese war 1849 gescheitert, und so musste das daraufhin entworfene »Kunstwerk der Zukunft« zugleich vom Scheitern des Vergangenen und von einem künftigen Gelingen erzählen, also vom Tod Siegfrieds und davon, was dieser für die Menschen bedeuten könne. Dieser von Anfang an ebenso gesuchte wie prägende Zwiespalt brachte, je weiter die Arbeit voranschritt, immer größere konzeptionelle Probleme mit sich. Wagner zielte einerseits auf die Dauerhaftigkeit des neuen, eine künftige Weltordnung vorausnehmenden Theaters – und schreckte genau vor der damit verbundenen Endgültigkeit zurück. Die ersten Gedanken zur Aufführung des *Ring* in einem Theater am Zürichsee, das danach zusammen mit den Partituren dem Feuer übergegeben werden sollte, spiegeln diese Unsicherheit ganz unmittelbar, wie er mehrfach hervorhob, so im März 1854 gegenüber der Nichte Clara Brockhaus: »Mit den Nibelungen wird's anders: die schreibe ich nicht für die Theater, sondern – für uns! Aber aufführen werde ich sie doch: ich habe mir diess als einzige und letzte Lebensaufgabe gestellt. Meine Bühne werde ich mir selbst dazu bauen, und meine Darsteller mir selbst erziehen: wie viel Jahre es mich kostet, ist mir gleichgültig; wenn ich's nur einmal erreiche. Nach der Aufführung werfe ich mich mit der Partitur auf Brünnhilde's Scheiterhaufen, so dass Alles verbrennt.«[2]

Noch die Widmungsverse, die er 1872 in den Grundstein des Bayreuther Festspielhauses einmauern ließe, zielen auf diesen Konflikt zwischen dem Vorläufigen und dem Dauerhaften: »Hier schliess' ich ein Geheimnis ein, / da ruh' es viele hundert Jahr': / so lange es verwahrt der Stein, /

macht es der Welt sich offenbar.«[3] Ein Geheimnis, das nur dann offenbar werden kann, wenn es unter tonnenschweren Mauern verborgen bleibt, wirkt wie ein besonders anschauliches Sinnbild dieses unlösbaren Widerstreits zwischen dem Verborgenen und dem Offensichtlichen. Es ist ein Konflikt, der sich auch in der Gleichzeitigkeit von *Tristan* und *Meistersingern* zu erkennen gibt. Denn diese Werke haben nicht nur die Vollendung des *Ring* unterbrochen, sondern seine Wirklichkeit grundsätzlich infrage gestellt. Gegen das endgültige Scheitern im *Tristan* steht die unverhoffte Möglichkeit des Gelingens, in einer grenzen- und schrankenlosen Republik der Kunst der *Meistersinger*. Beides zusammen ist eigentlich nicht denkbar, und doch handeln die parallel entstandenen Werke genau davon.

Die Schwierigkeiten, die sich mit der Wiederaufnahme der Arbeit am *Ring*, mit der Vollendung des *Siegfried* und dann vor allem mit der *Götterdämmerung* ergeben mussten, liegen hier begründet. Das unwiderrufliche Ende des Dramas, von dem aus doch alles entwickelt worden war, bedeutete zugleich eine irreversible Fügung. Nach der allerletzten Erinnerung konnte es eben keine Vorausschau auf Künftiges mehr geben, das Drama musste sich daher, im Sinne des von Wagner bewunderten Georg Wilhelm Friedrich Hegel, gewissermaßen selbst aufheben, im Doppelsinn des deutschen Wortes: sich zugleich auslöschen und bewahren. Die *Götterdämmerung* verweist demnach, in ihrer Geschichte, auf das »Kunstwerk der Zukunft« – und erzählt doch von einem seltsam unwiderruflichen Endpunkt. Es war offenbar dieser Zwiespalt, der immer unabsehbarer werdende Konsequenzen nicht nur für die Dramaturgie, sondern für die Musik des *Ring* und insbesondere der *Götterdämmerung* heraufbeschworen hat.

Der *Ring* zeichnet sich zunächst, getreu den revolutionären Schriften Wagners, durch die demonstrative Verbannung aller traditionellen Elemente der Oper aus. Am deutlichsten zeigt sich dies vielleicht in Siegmunds vorsätzlich letzter Arie in der *Walküre* (»Winterstürme wichen dem Wonnemond«), einem Abgesang auf das Genre. Die vielen weiteren Neuerungen sollten sich von der von Wagner verachteten Operntradition absetzen, so etwa der rezitativisch-deklamierende Gesang schon im *Rheingold*, die additive Reihung der dichterisch-musikalischen Perioden, die

Motivtechnik, die »Neuerfindung« des Gesangs in Siegfrieds Schmelz- und Schmiedeliedern, der Verzicht auf »Nummern«, auf Wiederholungsformen, auf Ensembles oder auf Chöre.

Doch in der *Götterdämmerung* dringen diese traditionellen Opernelemente auf einmal und zumindest auf den ersten Blick ganz unvermutet wieder in das Drama und in die Partitur ein, und zwar ebenso massiv wie anhaltend. Die monumentale, alle Dimensionen sprengende Reihungsform des Ersten Aufzugs, dessen Dramaturgie eher an eine riesenhaft überhöhte Verdi-Oper denken lässt, mit einem zweigeteilten »Vorspiel« und einem zweigeteilten Akt (dessen zweiter Teil zudem in die Szene des Vorspiels zurückkehrt), kündigt geradezu demonstrativ die bisherige Dramaturgie auf. Denn es gab bisher, abgesehen vom durchkomponierten *Rheingold*, keine Szenenwechsel (bezeichnenderweise mit Ausnahme des Dritten Aufzugs im *Siegfried*). Wagner verlangt nun aber sogar zwischen Vorspiel und Aufzug den Fall des Vorhangs. Das Werk wird nicht nur mit einem Ensemble eröffnet, dem Terzett der namenlosen Nornen, sondern mit einem eigenständigen Instrumentalvorspiel, das, wie eine Ouvertüre, bei geschlossenem Vorhang erklingen soll. Der einleitende Wechsel von es-Moll nach Ces-Dur wirkt, wie in einer traditionellen Tonarten-Dramaturgie, als eine Umkreisung jenes Des-Dur, mit dem das Werk endet.

Danach ziehen immer weitere Elemente der »traditionellen« Oper überdeutlich in die Partitur ein: das große Duett von Brünnhilde und Siegfried im zweiten Teil des Vorspiels, das ausladende Orchesterzwischenspiel in der »Rheinfahrt« – und so fort, bis zum ausgreifenden Monolog Alberichs im Zweiten Aufzug, zur Rückkehr des Chors in der großen Szene mit Hagen und den Mannen oder zum umfangreichen Terzett des Racheschwurs am Ende des Zweiten Aufzugs. Alles dies sind weniger Techniken der italienischen Oper als der Pariser Grand opéra, an die sich Wagner ab den 1830er-Jahren immer wieder angenähert hat, am deutlichsten im *Liebesverbot* und im *Rienzi*. Am intensivsten werden diese Bezüge dann tatsächlich am Schluss selbst, also an jenem Teil, der doch der Ausgangspunkt der Tetralogie gewesen war. Dort gibt es die Rückkehr zur Arienform (in Siegfrieds Sterbegesang), zur Chorszene, zum großen Instrumentalstück (im Trauermarsch), mündend in den Schlussgesang der Brünnhilde, bei dem die ganze Bühne im Feuer versinkt. Dieser spektakuläre Bühneneffekt ist ein entscheidender Charakterzug des obligatorischen Tableaus im Finale der Grand opéra, die hier geradezu zeichenhaft aufscheint, mit dem einzigen Unterschied, dass die dort typische Beteiligung des Chors ersetzt wird durch das Orchester. Und ganz am Ende, plötzlich und zum ersten Mal im *Ring*, gibt es sogar, völlig unvermutet und unerklärlich, Zuschauer und Zuhörer auf der Bühne, ganz ähnlich wie in Meyerbeers *Les Huguenots*. Die letzte Szenenanweisung des gedruckten Textbuchs lautet: »Die Männer und Frauen schauen in sprachloser Erschütterung dem Vorgange und der Erscheinung zu.«[4]

Diese seltsame Wendung war, trotz der vielen Abweichungen zwischen dem ursprünglichen, 1853 gedruckten und in Zürich öffentlich gelesenen Textbuch und der dann 16 Jahre später begonnenen Komposition, von vornherein beabsichtigt. Es handelt sich also nicht um eine nachträgliche Änderung der Konzeption. Damit wird die Frage nach den Motiven umso dringlicher. In der gesamten Tetralogie wird das »Erscheinen« zentraler Objekte, immer gebunden an ein Motiv, auf eigenwillige, immer aber sehr sinnenfällige Weise herbeigeführt, manchmal, wie im Falle der Burg Walhall, sogar mehrfach – von Wotans Erwachen im *Rheingold* bis zum Finale der *Götterdämmerung*. Am eindringlichsten sichtbar ist dieses Verfahren vielleicht bei der Enthüllung des Schwertes Nothung am Ende des ersten Aufzugs der *Walküre*. Zuvor schon ist von diesem Schwert die Rede, einmal sieht Siegmund dessen Griff sogar leuchten. Doch dann folgt eine regelrechte Epiphanie, die sich gleich auf mehreren Ebenen vollzieht. Denn plötzlich, unerklärlich, wie von Zauberhand öffnet sich die Tür von Hundings Hütte und gibt mit einem Mal den Blick auf die nächtliche Frühlingsnatur frei. Siegmund und Sieglinde sind jedoch nicht nur die überwältigten Zeugen dieser Frühlingsnacht, sie nehmen sich durch das hereinbrechende Mondlicht überhaupt erst selbst wahr. Es ist also eine doppelte Offenbarung, erst der nächtlichen Natur und dann des Geschwisterpaars, das sich nun, so der Text, »plötzlich in voller Deutlichkeit« selbst sehen kann.[5] Erst dieses Geschehen aber bildet die Grundlage für eine dritte, eine letzte Enthüllung, denn nun reißt Siegmund das von Wotan in den Eschenstamm gerammte Schwert heraus.

Der ganze *Ring* ist durchzogen von solchen dramatischen, mit »Leitmotiven« markierten Enthüllungen. So muss Siegfried nicht nur das

Feuermeer zum Walkürenfelsen durchschreiten, er muss die den Blicken verborgene Brünnhilde regelrecht freilegen, indem er ihre Rüstung aufschneidet. Und auch diese Epiphanie hat etwas Überraschendes, etwas Überwältigendes, entdeckt doch der Held, zu seinem Schrecken, nicht einen Krieger, sondern eine Frau. Auch in der *Götterdämmerung* hält Wagner selbstverständlich an dieser Technik fest. So sitzt am Beginn des Zweiten Aufzugs der schlafende Hagen dennoch mit weit geöffneten Augen am Rhein, und der wie in der *Walküre* plötzlich hereinbrechende Mondschein lässt ihn auf einmal seinen Vater Alberich erkennen.

Und doch geht Wagner im letzten Teil der Tetralogie einen Schritt weiter, da der Zuschauer nicht nur Zeuge spektakulärer Enthüllungen auf der Bühne wird; ihm wird vielmehr, in der dramaturgischen Anlage, die Opernform selbst enthüllt – eine Form, die sich in der Grand opéra spiegelt, die es zu überwinden gilt und die dennoch, im Doppelsinne Hegels, nur »aufgehoben« werden kann: vergegenwärtigt und negiert zugleich. Das »Leitmotiv« dieser finalen Epiphanie ist also das Musikdrama selbst. Bereits 1849, im *Kunstwerk der Zukunft*, also noch vor der Ausarbeitung des *Ring*-Textes, ist der Komponist auf dieses grundsätzliche Problem zu sprechen gekommen. Es könne keine Vorausschau geben: »Gerade umgekehrt ist es der Fall, wenn wir einen zukünftigen Zustand nur darstellen wollen; wir haben zu solchem Verfahren, nur einen Maaßstab, und der liegt gerade eben nicht in dem Raume der Zukunft, auf dem der Zustand sich gestalten soll, sondern in der Vergangenheit und Gegenwart, also da, wo alle die Bedingungen noch lebendig vorhanden sind, die den ersehnten zukünftigen Zustand heute eben noch unmöglich machen, und gerade sein volles Gegentheil nothwendig erscheinen lassen. [...] Nur das Vollbrachte und Fertige können wir wissen; die lebenvolle Gestaltung der Zukunft kann unbestritten eben nur das Werk des Lebens selbst sein! Ist sie vollbracht, so werden wir mit einem Blicke klar begreifen, was heute wir nur nach Laune und Willkür unter dem unüberwindlichen Eindrucke der gegenwärtigen Verhältnisse uns vorgaukeln können.«[6] Und wenig später: »So ist es. Wir sehen die Zukunft immer nur mit dem Auge der Gegenwart, mit dem Auge, das alle Menschen der Zukunft immer nur nach dem Maße messen kann, das es, als Maß der gegenwärtigen Menschen, zum allgemein menschlichen Maß überhaupt macht.«[7]

Es ist offenkundig, dass Wagner in der *Götterdämmerung* demonstrativ, also »mit dem Auge der Gegenwart«, jene Formen aufscheinen lassen wollte, die im »Kunstwerk der Zukunft« endgültig aufgehoben werden sollen. Kaum zufällig erinnert sich Siegfried im Sterben an Brünnhildes Auge, das »ewig nun offen« sei.[8] Es handelt sich daher beim neuen Kunstwerk nicht um eine Rückkehr zur Tradition, sondern um eine ungenaue, unscharfe Erinnerung an sie – in einem Konflikt, der in der Gegenwart nicht lösbar ist und nicht lösbar sein kann. Wagners radikale, anarchistische Phantasie einer Verbrennung von Theater und Partitur entsprang also nicht einfach einer Laune, sondern sie war ein Versuch, diesen Konflikt darstellbar, beherrschbar zu machen. Das riesige Finalbild der *Götterdämmerung* zeigt ja nicht einfach nur eine verbrennende Welt, das verbrennende Walhall und den von Flammen verzehrten Wotan, es kennt auf einmal – zum einzigen Mal im *Ring* – »unbeteiligte« Zuschauer nicht allein vor, sondern auch auf dem Theater. Die Menschen, die ungewollt zu Zeugen des Vorgangs werden, sind zugleich Zeugen der »Aufhebung« von Tradition und Geschichte sowie einer zukünftigen Form, die ahn-, aber nicht sichtbar ist. Deswegen sind sie, wo immer sie herkommen (auch dies bleibt rätselhaft), Teil der Bühnenhandlung, wenn auch nicht aktiv, sondern passiv. Daher kennt die *Götterdämmerung*, anders als die anderen Teile der Tetralogie, ein zweifaches Final-Symbol, eine verwickelte Verdopplung, die tatsächlich in dieser Form erst in der Partitur hinzugefügt wurde: »Als die Götter von den Flammen gänzlich verhüllt sind, fällt der Vorhang.«[9]

Die Flammen bilden folglich einen ersten Vorhang, der die Szene verhüllt – vor Zuschauern, vor Männern und Frauen, die dieses Schauspiel »in höchster Ergriffenheit« (wie es in der Partitur schließlich heißt) ansehen. Diese Szene wird danach durch einen echten, einen Theater-Vorhang verhüllt, der die fiktiven, bloß dargestellten Zuschauer auf der Szene von jenen vor der Szene, also den realen im Theater trennt. Das Feuer, in dem Wagner seine Partitur verbrennen wollte, entspricht diesem fiktiven Vorhang auf dem Theater, dem, 1854 im Brief an Clara Brockhaus noch nicht denkbar, ein nun realer im Theater gegenübersteht. An keiner anderen Stelle als in diesem letzten Moment des *Ring* wird deutlicher, dass sich das »Kunstwerk der Zukunft« als eine Aufhebung der

Gegenwart im Sinne Hegels versteht. Die vielen Formen der »gegenwärtigen« Oper, die in der *Götterdämmerung* aufscheinen, bilden nicht einfach eine überraschende Rückkehr in die Tradition. Sie sind, im Sinne von Wagners Dramaturgie, Erinnerungen – Erinnerungen nun nicht mehr innerhalb der Bühnengeschichte, sondern innerhalb ihrer Darstellungsweise. Sie werden selbst zum »Leitmotiv«. Brünnhildes Frage: »Wisst ihr wie das ward?«, bekommt damit einen eigenartigen Doppelsinn, weil sie sich nicht mehr nur auf die Handlung selbst bezieht, sondern auf ihre zu überwindende Darstellungsform, auf die Oper.

Der Umstand, dass Wagner den *Ring* vom Ende her entwickeln wollte, diente also auch und vielleicht sogar vor allem dazu, an diese traditionellen Opernformen nochmals, ein letztes Mal zu erinnern – um sie dann endgültig aufzuheben. Wenn der Vorhang am Ende die im Feuerschein versunkene Szene verhüllt, dann senkt er sich zugleich über eine Tradition, die wie die brennende Burg Walhall ein letztes Mal aufscheinen sollte – um dann etwas anderem, etwas Neuem Platz machen zu können. Gerade in diesem Schlussbild wird deutlich, dass Wagner stets der ursprüngliche Revolutionär geblieben ist – in schroffem Gegensatz zur nationalistischen, chauvinistischen und schließlich nationalsozialistischen Lesart, die man um und nach 1900 in Bayreuth daraus machen sollte. Der verklingende Des-Dur-Bläser-Akkord des letzten Tags des Bühnenfestspiels soll auf etwas Zukünftiges verweisen, das noch nicht konkret erkennbar sein kann. Zur großen Krise während der Arbeiten am *Ring* gehörte daher wohl vor allem die nach dem Scheitern der Revolutionen zunehmende Unsicherheit, ob eine solche Ahnung überhaupt noch berechtigt sei. Im *Tristan* hat sie ihren Anspruch verloren, in den *Meistersingern* hat sie demonstrativ einen Sinn erhalten – und im *Parsifal* sollte sie sich im Unabsehbaren auflösen. Es ist zweifellos zu einem Lebensthema Wagners geworden, dass sich der Konflikt zwischen Vorläufigkeit und Dauerhaftigkeit als im tiefsten Sinne unlösbar erwies. Die »Aufhebung« der Form im Sinne Hegels konnte selbst nichts anderes sein als eine Utopie. Sie ließ sich nicht einlösen, sie ließ sich lediglich darstellen, mit den Mitteln der Gegenwart. Es war offenbar – dies kann man Wagners Schriften ebenfalls entnehmen – das Privileg der Musik, eine solche Darstellung überhaupt möglich zu machen.

V Überwindungen

Wagner als Linkshegelianer

Blickt man auf die Geschichte der Wahrnehmungen, die vor allem nach Richard Wagners Tod die Auseinandersetzung mit ihm bestimmten, so lassen sich bei aller Vorsicht im Wesentlichen vier sehr verschiedene Ansätze voneinander trennen. In Bayreuth selbst, das, ganz gegen die späten Emigrationspläne seines Urhebers, zum hagiographischen Zentrum eines immer kompromissloser werdenden Wagner-Kultes werden sollte, formierte sich der für lange Zeit bestimmende Umgang. Im Umfeld der Familie und in der vom Komponisten 1876, also im Jahr der ersten Festspiele begründeten und 1878 erstmals herausgekommenen Zeitschrift *Bayreuther Blätter* wurde rasch eine nationale, schließlich immer deutlicher nationalistisch-völkische Wagner-Interpretation festgeschrieben. Grundiert wurde diese von einem drastischer werdenden Antisemitismus. Immerhin: Diese Spur ließ sich direkt bis zum Komponisten zurückverfolgen, hatte doch dieser seine vier späten, während der Arbeit an der *Parsifal*-Partitur entstandenen »Regenerationsschriften«, in denen es unter anderem nochmals um die Rechtfertigung des Antisemitismus geht, selbst in den *Bayreuther Blättern* herausgebracht. Darauf reagierte 1881 bereits der Journalist Paulus Cassel (1821–1892) in seiner »Antwort an die Bayreuther Blätter«, in der er »bestimmte Namen von persönlichen Feinden« auflistet: »Heute heissen sie Glagau – Naudt [Naudh] – deutsche Wacht – Hr. v. Wurm[b]-Eysnern – Antisemiten überhaupt und in hervorragender Weise *Richard Wagner*«.[1]

Der Ehemann Eva Wagners, Houston Stewart Chamberlain, dessen Bücher von großer Bedeutung für Adolf Hitler werden sollten, übernahm schließlich die ideologische Führungsrolle in Bayreuth. Diese wurde nach seinem Tod 1927 von Eva selbst, unterdessen zur glühenden Nationalsozialistin geworden, übernommen. Gepaart war dies mit »Modellaufführungen« der zehn in Bayreuth dann kanonisierten Bühnenwerke, in einer Dogmatik, die sich sicherlich nicht auf Wagner zurückführen ließ. Das geschah in einem als verbindlich angesehenen szenisch-musikalischen Stil, verbunden zudem mit der (schließlich gescheiterten) Absicht, den *Parsifal* sogar ausschließlich Bayreuth vorzubehalten. Hans von Wolzogen (1848–1938), über 60 Jahre lang Redakteur der *Blätter*, hatte für dieses Unternehmen die Ansichten des »Meisters« und seiner Gefolgschaft festzulegen versucht. Gepaart war dies einerseits mit einer autoritativen, sechsbändigen Biographie, die der klassische Philologe Carl Friedrich Glasenapp (1847–1915) bis 1911 unter der Aufsicht Cosimas herausbrachte, und zwar ausdrücklich nicht im Sinne kritischer Bestandsaufnahme, sondern eschatologischer Verklärung. Kaum zufällig schwebte der Familie um Cosima dafür die Verleihung des Literatur-Nobelpreises vor. Andererseits sollte sich der autoritative Deutungsanspruch bis in den Umgang mit den Partituren verlängern, nämlich in den werkanalytischen Betrachtungen des Musikwissenschaftlers Alfred Lorenz (1868–1939), eines frühen und begeisterten Parteigängers der NSDAP, von Rudolf von Ficker 1940 »als ältester Vorkämpfer Adolf Hitlers an der Universität« München gewürdigt.[2] Viele Aspekte der Auseinandersetzung mit Wagner, etwa auch zur Formbildung oder zur Leitmotivtechnik, haben in diesem Umfeld ihre Wurzeln, ja sie wurden über Generationen von ihm geprägt.

Die Familie Wagner um Cosima hat die Wandlung ihres Ahnherrn zum nationalsozialistischen Staatskomponisten hingebungsvoll befürwortet und befördert, mit Ausnahme der distanzierenden Einsprüche Franz Wilhelm Beidlers, des Sohnes von Franz Beidler und Isolde Wagner, und Friedelind Wagners; beide wurden daher von der Familie verstoßen. Selbst wenn inzwischen immer deutlicher wird, dass Hitlers Begeisterung für Wagner in den nationalsozialistischen Führungszirkeln alles andere als unumstritten war, so änderte dies wenig an der Wirkmächtigkeit der von ihm selbst so beharrlich gepflegten Verbindung zwischen Bayreuth und dem Nationalsozialismus. Nach dem Ende der Diktatur überschattete diese Verbindung die Beschäftigung mit Wagner für lange Zeit, und sie tut es eigenartigerweise noch heute. Aber auch dies hat seine Geschichte. Der Umstand etwa, dass man bei der Wiedereröffnung der Bayreuther Festspiele 1951 nicht etwa einen grundsätzlichen Neuanfang wagte, sondern die Festspielleitung abermals in die Hände der Familie legte, zudem und ausgerechnet in diejenigen des wenige Jahre zuvor noch als überzeugter Nationalsozialist hervorgetretenen Wieland Wagner (1917–1966), verbunden mit dem bis 2025 unangetasteten Werkkanon Cosimas, das alles lässt die komplexen, fatalen Verstrickungen und ihr Fortwirken bis in die Gegenwart erkennen. Dazu gehört wohl auch der Umstand, dass sich selbst die Spuren des vermeintlichen Neuanfangs, nämlich der abstrakten *Parsifal*-Inszenierung von 1951, bis zu Hitler zurückverfolgen lassen, denn dieser wollte das Werk anlässlich des »Endsieges« aufgeführt und daraus die religiöse Symbolik verbannt wissen.

Andere, abweichende Sichtweisen hatten es gegen die Übermacht der in Bayreuth mit Verve verteidigten Deutungshoheit nicht leicht, aber sie waren ebenso entschieden wie begründet. Dezidiert gegen diese ideologische Vereinnahmung richtete sich eine nicht auf das Politische, sondern auf das Psychologische zielende Deutung. Nicht der einzige, aber vielleicht der wirkmächtigste Protagonist war hier Thomas Mann. Mann bestritt Wagners Zugehörigkeit zum 19. Jahrhundert, also seine geschichtliche Begrenztheit, nie, bekannte sich aber auch zu seiner im 20. Jahrhundert anhaltenden Faszination. Er begründete dies in übergreifenden Konfigurationen, in denen sich gerade die Widersprüche und Reibungsflächen abzubilden vermochten. Die im *Ring* agierenden Götter waren für ihn folglich nicht heroische Träger von Ideen, sondern geleitet von menschlichen Haltungen und Konflikten. Als Mann 1933, kurz nach der nationalsozialistischen Machtübernahme, in München einen Vortrag zum 50. Todestag Wagners hielt, brachte er dies auf den Punkt. Nicht ohne Einfluss der französischen Wagner-Rezeption bei Baudelaire oder Proust strich er das Unbehauste von Wagners Existenz deutlich heraus, das Vage, das Dandyhafte, das Changierende. Und er verlängerte diese Diagnose in die Werkdeutungen. Das feine Gespür für Unwägbarkeiten und Gefährdungen sollte einen neuen Deutungsweg für das Werk bahnen, der nicht von Entschiedenheiten geprägt war, sondern von der

Sensibilität für die Brüche, die sich auch unter der nur vermeintlich heroischen Oberfläche der Musik erkennen ließen. Mann sprach daher von »einem der großartig fragwürdigsten, vieldeutigsten und faszinierendsten Phänomene der schöpferischen Welt«, von jemandem, den »man heute ganz sicher einen Kulturbolschewisten nennen würde«.[3]

Der Vortrag blieb bekanntermaßen nicht folgenlos. Unmittelbar danach sorgte die Wochenendausgabe der *Münchner Neuesten Nachrichten* für einen Eklat. In einem zweispaltigen Artikel wurde der »Protest der Richard-Wagner-Stadt München« veröffentlicht, initiiert von Hans Knappertsbusch, unterzeichnet von über 40 Personen, in Teilen aus dem direkten Umfeld der neuen Machthaber, und gekennzeichnet von scharfer Kritik. Das Pamphlet wurde für den Schriftsteller lebensgefährlich und zwang ihn umgehend ins Exil in die Schweiz, nach Küsnacht. Dort hat Thomas Mann seine Lesart jedoch weiter vertieft, insbesondere in seinem zweiten großen Wagner-Vortrag, den er 1937 in der Zürcher Universität hielt und in dem das Unbehauste des Exilanten- und Emigrantendaseins als für jede Wagner-Deutung bestimmend in den Vordergrund trat. Es war, so wörtlich, der Wille, sich gegen den Missbrauch Wagners zu verwahren: »Wenn ich zu Anfang von einem Mißbrauch sprach, der mit Wagners großer Erscheinung getrieben werde, so wußte ich, daß ich irgendwann darauf würde zurückkommen müssen; denn unmöglich scheint es mir, heute von Wagner zu sprechen und sich der Verwahrung gegen solchen Mißbrauch dabei zu entschlagen. Wagner als künstlerischer Prophet einer politischen Gegenwart, die sich in ihm spiegeln möchte« – das erschien Mann unerträglich.[4] Der wichtigste musikalische Anwalt für diese Lesart war zweifellos Bruno Walter, der schon vor dem Exil in engem Austausch mit Thomas Mann stand. Vielleicht zählt dazu aber auch Arturo Toscanini, dessen Wiener Aufführung der *Meistersinger* von 1937 sich auch als entschiedener Widerspruch gegen die parteipolitische Vereinnahmung des Werkes in Deutschland deuten lässt. Übrigens gab es nach dem Zweiten Weltkrieg wenigstens Erwägungen, die Bayreuther Festspiele Franz Wilhelm Beidler und Thomas Mann anzuvertrauen.

Mit dieser Haltung nicht unverwandt ist eine weitere Lesart, die jedoch im Kern weniger auf das Ideengeschichtliche gerichtet war als auf die Tonsprache selbst. Der aus Wien stammende, in Bern wirkende (und deswegen vor dem antisemitischen Terror der 1930er-Jahre sichere) Musikwissenschaftler Ernst Kurth (1886–1946) hat 1920 sein folgenreiches Buch *Romantische Harmonik und ihre Krise in Wagners Tristan* veröffentlicht. Wie in seinen nachfolgenden Versuchen zum Kontrapunkt (am Beispiel Bachs) und zur Formenlehre (am Beispiel Bruckners), ging es Kurth auch hier um einen systematischen Neuansatz: Die Harmonielehre sollte sich, ganz anders als bei Hugo Riemann, nicht mehr axiomatisch-gesetzmäßig, sondern gestaltpsychologisch begründen. Im Mittelpunkt standen nicht mehr ewig gültige, abstrakte Regeln, sondern Bezüge, die nicht nur, aber eben auch abhängig waren von der Wahrnehmungsweise des Hörers. Kurth verstand Wagner als Ahnherrn und Bezugsgröße für ein sozusagen existenzialistisches Verständnis von Tonfortschreitungen, da Wagners »Klangstil«, in einem »kunstpsychologischen Verlauf«, »wie in einem Brennpunkt die zusammenlaufenden Strahlen vereinigt«.[5] Harmonische Syntax resultiere bei ihm nicht mehr notwendig aus logischer Rationalität, sondern aus beziehungsreicher Assoziation; Gestalt und Kontur existieren nicht abstrakt, sondern formieren sich erst im Hörer. Diese Auffassung steht einerseits in Verbindung zum Wien der Jahrhundertwende, etwa bei Arnold Schönberg, verdankt sich andererseits aber der Einsicht, dass die Tonsprache auf elementare Weise mit jenen Vorgängen in Verbindung steht, die zugleich das Bühnengeschehen prägen. Immerhin könnte auch dies, selbst wenn sich explizite Beleg nicht ausmachen lassen, folgenreich gewesen sein, etwa bei Wilhelm Furtwängler, dessen »assoziative« Annäherung an die Partituren sich mit gestaltpsychologischen Ansätzen vergleichen lässt. Furtwängler hat überdies sowohl in den 1930er- wie 1950er-Jahren in Bayreuth dirigiert, hierin verbunden ausgerechnet mit seinem Antipoden Heinz Tietjen.

Es gibt jedoch noch eine weitere Deutungslinie, die aufgrund der Quellenlage eigentlich die nächstliegende hätte sein können und die dennoch, zumindest in der unmittelbaren Rezeption und sichtlich unter dem Eindruck Bayreuths, keine nennenswerte Rolle gespielt hat. Es ist die politische Wagner-Interpretation nicht im Sinne von Chauvinismus und Nationalismus, sondern vor dem Hintergrund der Revolution von 1848. Sie konnte sich am unmittelbarsten auf den Komponisten berufen – und gehörte einem Milieu an, das man etwas pauschal und vereinfachend, aber dennoch nicht ohne Sinn als »linkshegelianisch« bezeichnen kann. Gemeint ist damit eine in den 1830er-Jahren sich formierende Gruppe von Intellektuellen, die sich, wie der für Wagner so wichtige Ludwig Feuerbach, der auch Widmungsträger vom *Kunstwerk der Zukunft* war, zwar an der Hegel'schen Dialektik orientierten, dies aber nicht in einem konservativen, sondern in einem revolutionären Sinne. Die damit verbundene scharfe, sich immer weiter radikalisierende Gesellschaftskritik gehört zu den Wurzeln der Revolutionen von 1848/49, sie ist also ein Teil jener Bewegung, die man gemeinhin als »Vormärz« bezeichnet. Einer der bedeutendsten Anwälte einer Wagner-Lesart aus diesem politischen Vormärz heraus war post festum George Bernard Shaw (1856–1950) mit seinem Wagner-Essay *The Perfect Wagnerite* von 1898. Er wollte in dieser von Karl Marx beeinflussten, sich immer wieder auf den Sozialismus berufenden *Ring*-Deutung die revolutionären Wurzeln Wagners hervorheben. Die kapitalismuskritische Weltdeutung sollte zugleich den Blick öffnen für ein angemessenes Verständnis seiner musikalischen Sprache.

Die Bayreuther Protagonisten der nationalistischen, schließlich nationalsozialistischen Lesart konnten Wagners revolutionäres Engagement, auf das Shaw sich durchaus polemisch berief, seine Nähe zu linkshegelianischem und anarchistischem Denken nicht einfach verdrängen; der Komponist war schließlich ein lebensbedrohlich Verfolgter und ein Emigrant gewesen. Doch verständigte man sich rasch darauf, die Zeit in Zürich, für die man den Begriff des »Exils« mit geradezu kanonischer Wirksamkeit einführte (nämlich als Entfernung aus der patriotischen Heimat), als eine Zeit der Besinnung, der Wandlung und schließlich der nationalen Heimkehr zu deuten. Die Jahre »im Exil« galten also als die Phase des Bruchs. Dieser Bruch zwischen revolutionärer Vergangenheit und nationalpatriotischer Zukunft sollte nicht nur weltanschaulich, sondern auch werkästhetisch von größter Bedeutung sein. *Meistersinger* und *Parsifal* erschienen daher geradezu als Verkörperung dieses Bruches, im ersten Fall in politischer, im anderen in allgemein weltanschaulicher Hinsicht. Vor diesem Hintergrund ließ sich eben auch das frühere Werk dann eindeutig ordnen und entsprechend zuordnen, mit dem Resultat eines festgefügten Kanons, aus dem es anteilig ausgeschlossen wurde.

Immer wieder ist gefragt worden, ob es diesen Bruch tatsächlich gegeben habe oder ob er nicht dem Wunschdenken der zunehmend monochrom ideologisierten Bayreuther Weltsicht der 1880er- und 1890er-Jahre entstamme. Shaw war um 1900 einer der wichtigsten Befürworter der Kontinuität in Wagners Schaffen, um 2000 war es der Politologe Udo Bermbach. Das Hauptargument gegen eine vermeintliche Kontinuität war dabei stets der Antisemitismus, zumal inzwischen gut erforscht ist, dass das *Judenthum in der Musik* ein wichtiger Impulsgeber für die gesamte antisemitische Publizistik der zweiten Jahrhunderthälfte gewesen ist, nicht allein im deutschen Sprachraum. Doch gerade dies erweist sich bei näherem Hinsehen keineswegs als stichhaltig. Johannes Valentin Schwarz konnte nachweisen, dass es auch im linkshegelianischen Milieu durchaus bemerkenswerte, wirkmächtige antisemitische Strömungen gab. Diese Diagnose lässt sich in Wagners Antisemitismus verlängern, denn dieser war bis zuletzt gerade nicht oberflächlich motiviert, sondern hing in einem tiefen Sinn mit seinem Revolutions- und Geschichtsverständnis zusammen.[6] Darauf wird noch zurückzukommen sein.

Die Frage nach Bruch oder Kontinuität in Wagners Schaffen ist nach wie vor aktuell, trifft sie doch einen zentralen Nerv des gesamten Werkes. Ob dabei die konkrete, bestimmte Hegel-Lektüre eine Schlüsselrolle spielte, lässt sich kaum sicher ausmachen. Wagner war zweifellos ein Leser, doch, dies hat er schon früh selbst zu Protokoll gegeben, ein selektiver Leser, der zugleich im Gelesenen stets vor allem die eigene Biographie spiegeln wollte. Gegenüber Marie Sayn-Wittgenstein bekannte er offen, dass er nicht das lese, was vor ihm stehe, sondern stets das, was er hineinlege. Das dürfte auch für seine Auseinandersetzung mit dem Philosophen gelten, was besonders anschaulich aus einer Dresdner Erinnerung des Malers Friedrich Pecht (1814–1903) hervorgeht: »Wie diese unersättliche Natur nach allen Seiten um sich griff, mag das folgende Erlebnis zeigen, das ich in dieser Zeit mit ihm hatte. Bei einem Besuche, den ich ihm eines Tages machte, fand ich ihn in Feuer und Flammen über Hegels Phänomenologie, die er gerade studierte, und in seiner excentrischen Art mir als das erste aller Bücher pries. Zum Beweis las er mir eine Stelle vor, die ihm eben besonders imponiert hatte. Da ich sie nicht ganz verstand, bat ich ihn, sie nocheinmal zu lesen, wo wir sie dann beide nicht verstanden. Er las sie also zum dritten- und viertenmal, bis wir uns endlich ansahen und fürchterlich zu lachen anfingen, wo es denn mit der Phänomenologie ein Ende hatte.«[7]

Unabhängig von Art und Weise einer konkreten Hegel-Lektüre verdankte sich Wagners frühe und immer radikaler werdende Hinwendung zu den politischen Zielen des Vormärz zweifellos jenem linkshegelianischen Milieu, mit dem er sich geistig oder physisch umgab. Diese Hinwendung war allerdings von vornherein ungewöhnlich vielschichtig – so, wie es auch die lebenslange Auseinandersetzung mit den gescheiterten Revolutionen von 1848/49 blieb. Schon in jungen Jahren entwickelte er die keineswegs naheliegende Vorstellung, dass auch und gerade Musik zum Teil der bürgerlich-politischen Selbstbehauptung werden könne. Als Vorbild konnte ihm die berühmt gewordene Aufführung von Aubers *Muette de Portici* am 25. August 1830 in Brüssel gelten; sie wurde zum Auslöser des belgischen Aufstands. Unmittelbar nach den Revolutionen von 1848/49 sollte Wagner diese Auffassung einer direkten Politisierung weiter ausbauen, und zwar bei der Begründung des Musikdramas. Dieses sei, so in *Kunst und Revolution*, die notwendige Konsequenz aus einem doppelten Scheitern: dem der Oper und dem der selbstständigen Instrumentalmusik. Das lässt sich durchaus als eine Denkfigur im Sinne der hegelianischen Dialektik verstehen. Gleichwohl setzte dies notwendig die Anschauung voraus, nur im Bühnenschaffen seien Darstellung, Selbstdarstellung und Welthaltigkeit undurchdringlich miteinander verwoben.

Davon sind bereits die beiden frühen Werke *Die Feen* und *Das Liebesverbot* geprägt. Sie kann man zwar dem Vormärz zuordnen, sie stehen aber in einem eigenartigen dialektischen Spannungsfeld zueinander. Gegen die Hoffnung auf Läuterung in den *Feen* steht im *Liebesverbot* eine radikale Jetzt-Vergewisserung, es sind also zwei Möglichkeiten der gesellschaftlichen Reaktion: Verwandlung oder Revolution. Das ist auch für die Musik bedeutsam. Während *Die Feen* sich demonstrativ der für Wagner wichtigen deutschen Tradition stellen, vor allem Weber, Hoffmann und Spohr, ist *Das Liebesverbot* durchdrungen vom Willen, diese deutschen Traditionen wie in einem befreienden Akt abzustreifen, in der Hinwendung zu französischen Vorbildern, vor allem Hérold, Auber und, schon in der Ouvertüre unüberhörbar, zum Typus der Grand opéra in Rossinis *Guillaume Tell*. Bereits in den ersten beiden Werken zeigt sich also nicht nur ein überaus professioneller Komponist, der souverän über sein Handwerk verfügt, und zwar in alle erdenkliche Richtungen. Vielmehr wird mit der Möglichkeit gespielt, ein solches Handwerk ganz unterschiedlich zu kontextualisieren. Dies ist denkbar weit entfernt von Wagners späterer und folgenreicher Selbstbezichtigung des Dilettantentums.

Während aus den *Feen* zu Lebzeiten Wagners nur zwei Fragmente erklungen sind, waren mit dem *Liebesverbot* von vornherein weitreichende, paneuropäische Aufführungsabsichten verbunden. Im Oktober 1835 erwog der junge, selbstbewusste Komponist eine Uraufführung in Berlin, und in einem Brief an den Freund Theodor Apel vom 27. Dezember 1835 vermerkte er: »Ich bin jetzt im Brennpunkt meines Talentes, Alles geht mir leicht von Händen u. gelingt mir. Hinsichtlich der Aufführung bin ich jetzt mit mir einig. Sie wird Ende Februar 36 hier [in Magdeburg] von Statten gehn; ich kann in manchen Beziehungen die Oper nirgends besser zur Aufführung bringen, als hier; – zwei vortreffliche Tenoristen; u. eine Isabella, wie ich sie *selten* besser haben werde, unsre durch u. durch geniale *Pollert*. Sie hat jetzt in Deutschland noch keinen Ruf, weil sie von Petersburg kommt; bald sollen Euch aber Allen die Augen übergehen. Hier führe ich also mein Liebesverbot zuerst auf, lasse von Braunschweig *Kornel* [Cornet], von Berlin *Kenf* [Cerf] u. von Leipzig *Ringelhard* zu derselben herkommen, u. dann, geb's Gott, in alle Winde mit meiner *Oper*.«[8] Und natürlich stand im Mittelpunkt der Pläne Paris. Kaum zufällig verwendete Wagner daher 1833 erstmals nicht den für die Linkshegelianer wichtigen Begriff des »Jungen Deutschland«, sondern weitete ihn zu dem des »Jungen Europa«.

Dennoch war die dialektische Spannung zwischen *Feen* und *Liebesverbot* damit nicht erledigt, im Gegenteil. Wagner ist auf eine merkwürdige Weise Jahrzehnte später darauf zurückgekommen, in der Gegenüberstellung von *Tristan* und *Meistersinger*. Die Tragödie des *Tristan*, die sich ja, was in Bayreuth rasch marginalisiert wurde, gerade nicht in Deutschland, sondern in Cornwall und in der Bretagne ereignet, umspannt geographisch ähnlich weite Räume wie das *Liebesverbot*. Und das Werk ist ja keinesfalls, wie es um 1900 so oft wahrgenommen wurde, ein Werk der

Ekstase, sondern, wie schon Nietzsche bemerkte, genau das Gegenteil, also der verhinderten, nicht eintretenden Ekstase. Über den »Urschmerz« des dritten Aufzugs hielt er 1871 fest: »Es ist ungeheuer, was uns der Text und die Handlung dem reinen Musikgenusse entgegenführt: man denke an den dritten Akt des ›Tristan‹. Hier ist das *inferno* aufgeschlossen, das wir nur an der Hand Virgils zu schauen aushalten. Das Bild und der Gedanke ist hier noch mehr: er bricht den völlig verzehrenden Einfluss der Musik, er mildert ihn. – Urschmerz. Insofern ist Wort und Bild Heilmittel gegen die Musik: zuerst nähert Wort und Bild uns der Musik, dann schützt es uns gegen sie.«[9] Auch in dieser Hinsicht ist Wagners Partitur genau: Der große Höhepunkt des Schlussgesangs, beim hohen *gis* in Isoldes »Weltatem«, vollzieht sich eben nicht etwa im Fortissimo (das es nur in den Harfen gibt), sondern lediglich in der Rücknahme eines schlichten Forte.

Gegen die Tragödie, in der die Menschen nicht zueinanderkommen, stehen die *Meistersinger* als das Werk des Gelingens. Sie sind eine Komödie, und in ihr findet auch ein Paar zusammen. Doch anders als die chauvinistische Vereinnahmung suggerieren wollte, geht es dabei keinesfalls um nationalistisch-patriotische Selbstvergewisserung. Im utopischen Raum des Bühnenortes begegnen sich nämlich das fiktive Nürnberg des 16. Jahrhunderts und das reale republikanische Zürich der 1850er-Jahre, also der Ort einer »gelungenen« Revolution der Gegenwart. Das zeigt sich besonders deutlich an der Festwiese mit ihren Eigenarten. Denn die Zunftaufzüge gab es, was Wagner sehr wohl wusste, im Nürnberg des 16. Jahrhunderts gar nicht, wohl aber im republikanischen Frühlingsfest, das im Zürich der 1830er-Jahre erfunden wurde. Wagner selbst gibt dafür sogar einen offenen Hinweis, denn die Fliederblüte, die Sachs in seinem Monolog beschwört, gehört, wie oft bemerkt wurde, natürlich nicht zum Johannesfest Ende Juni, aber sehr wohl zum Zürcher Sechseläuten-Umzug im April. Der Adlige Walther von Stolzing, dem die Kunst eigentlich Nebensache ist und der sie, beseelt von der Wahrhaftigkeit seiner Liebe, doch hervorzubringen vermag wie niemand sonst, dringt von außen in eine Bürgergesellschaft ein, der er fremd bleiben wird und deren Zukunft nur in der Kunst selbst liegen kann, nicht in ihrer physischen Existenz. Es ist dies aber eine republikanische Gesellschaft, ohne offizielle Repräsentanten, ohne Bürgermeister, ohne Regierung – genau so, wie sich das Zürcher Frühlingsfest vor Wagners Augen präsentiert hat. So verweist auch Sachs, dem seine Funktion nur temporär verliehen wird, in seiner pathetischen Schlussansprache darauf, dass das Deutsche der hier beschworenen Kunst auch ohne das physische Deutschland zu bestehen vermag.

Dies aber knüpft unmittelbar an den paneuropäischen Gedanken der Revolutionszeit an. Der Festumzug, der dies alles ermöglicht und der durchaus an den Karnevalsumzug im *Liebesverbot* erinnert, ist so ephemer wie das Sechseläuten in Zürich: Er findet in freier Natur statt, mit einer improvisierten Bühne, ohne die Verpflichtung auf schriftlich fixierte Regeln. Dort, wo solche Schriftlichkeit in die Szene eindringt, in Beckmessers Preislied, das er von Sachs gestohlen hat, das er nicht wirklich lesen kann und das deswegen unverstanden bleibt, kommt es zur Katastrophe. Das Lied wird zum Anti-Lied. Wagners erste Aufführungspläne für den *Ring*, mit dem berühmten Brettertheater am See, verweisen übrigens auf eine vergleichbare Situation.

Das durchdringende C-Dur der Festwiese zielt daher nicht auf die ostentative Behauptung des Bestehenden, es ist die Feier eines vergänglichen, nur im Augenblick des Vollzugs sich erfüllenden Ereignisses. Dies spiegelt sich in den Eigenschaften der Partitur, in der willentlich, vor allem im exzessiven Kontrapunkt, ein kompositorisches Handwerk – durchaus im Sinne des Handwerkers Sachs – präsentiert wird, dem alle normative Angestrengtheit abhandengekommen ist. *Tristan* und *Meistersinger* beschwören also, in einer Dichotomie, die auch in *Feen* und *Liebesverbot* aufscheint, den dialektischen Zwiespalt zwischen Tragödie und gelingender Revolution. Es war abermals Nietzsche, der diesen Zusammenhang in einem Brief an den altphilologischen Kollegen Erwin Rohde vom 27. Oktober 1868 bemerkt hat: »Heute Abend war ich in der Euterpe [der Leipziger Konzertgesellschaft], die ihre Winterconzerte begann und mich sowohl mit der Einleitung zu Tristan und Isolde, als auch mit der Ouvertüre zu den Meistersingern erquickte. Ich bringe es nicht übers Herz, mich dieser Musik gegenüber kritisch kühl zu verhalten; jede Faser, jeder Nerv zuckt an mir, und ich habe lange nicht ein solches andauerndes Gefühl der Entrücktheit gehabt als bei letztgenannter Ouvertüre.«[10]

Selbstverständlich kann man sagen, dass die Wucht der revolutionären Ereignisse, die sich im *Rienzi* durchaus ankündigen sollten, Wagner unerbittlich getroffen hat, zumal der Hofkapellmeister ja nicht nur Befürworter, sondern aktiver Protagonist war – und dabei alle Privilegien seiner sicheren und lebenslangen Anstellung verspielt hat. Das verbindet ihn mit etlichen Komponisten seiner Generation, denn viele sympathisierten offen mit dem Vormärz. Für alle hatte das Scheitern der Jahre 1848/49 gravierende Folgen. Giuseppe Verdi bemühte sich um eine musikdramatische Neuorientierung im Spannungsfeld von realistischer (*La traviata*) und epischer Oper (*Il trovatore*); Hector Berlioz geriet in eine umfassende Krise, die sich schon im *Cellini* und in *Roméo et Juliette* abzeichnete und die er erst mit dem Monumentalprojekt der *Troyens* (ab 1856) überwinden wollte; Robert Schumann, vor den Dresdner Ereignissen geflüchtet, strebte, am auffälligsten vielleicht in der *Rheinischen* von 1850, nach einer produktiven Antwort in einer Form von musikalischem Realismus, die sich auch im Neuansatz seines »zweiten Liederjahres« zeigt. Wie ein Fanal dieser Entwicklungen mutet Rossinis früher Entschluss an, nach seinem *Guillaume Tell* von 1829 und unter dem Eindruck der Juli-Revolution ganz von der Bühne (und letztlich vom großformatigen Komponieren überhaupt) Abschied zu nehmen. Immerhin: Dies alles muss Wagner sehr deutlich bewusst geworden sein.

Wagners Reaktion war jedoch eigenwillig. Er floh – und verstummte äußerlich, nach dem *Lohengrin*. Als steckbrieflich gesuchter Teilnehmer der Aufstände besorgte er sich einen gefälschten Pass, also eine Art von fiktiver Identität, strebte nach Paris – und blieb dann in Zürich. Aus dem anfänglichen, ungeplanten Zufall wurde gegen alle Intentionen eine zumindest äußerlich stabile Zeit von fast einem Jahrzehnt. Die Trennung von allen führenden musikalischen Institutionen Europas führte jedoch zu einer erstaunlich dichten, fast atemlosen Produktivität. Flucht und Absonderung haben also dennoch eine intensive musikalische Tätigkeit hervorgerufen, in einem bemerkenswert offenkundigen dialektischen Spannungsverhältnis. Zürich wurde ihm mehr und mehr zu einem Ort der bewussten Herausforderung. Dass nun nicht politische, sondern persönliche Verwicklungen zu einem neuerlichen Bruch führten, nämlich das Verhältnis mit Mathilde Wesendonck, kann fast wie eine ungewollte

Verlängerung dieser Situation erscheinen. Gleichwohl: So offenkundig die beiden äußeren Brüche 1849 und 1858 waren, sie wurden dennoch klar kontextualisiert. Die Tätigkeit nach 1849 verstand sich als ebenso notwendige wie produktive Antwort auf die Revolution, die Situation nach 1858 korrespondierte auf eigenwillige Weise mit den Problemen bei der Weiterführung des *Ring*-Projekts. Denn die Krise beim *Ring* gründete ja vor allem in den immer größeren Schwierigkeiten, ein »Kunstwerk der Zukunft« mit den Prämissen der Gegenwart zu vereinen – und einem utopischen Entwurf so etwas wie Stabilität oder Dauer zu verleihen.

Die unruhige, pausenlose Tätigkeit, die Wagner sich – ohne jeden äußeren Anlass – aufnötigte, korrespondierte mit den musikalischen Bedingungen in Zürich, denn diese waren eingeschränkt und weit von seinen Plänen entfernt; die Absichten einer Aufführung des *Ring* in Zürich mussten sich auch vor diesem Hintergrund als utopisch erweisen. So kam es zu einer eigenartigen Wende. Das Gefühl der Isolation, das sich des Komponisten seit der Flucht in immer stärkerem Maße bemächtigt hatte, wich der Einsicht, es genau darin mit einem kreativen Glück zu tun zu haben, einer Aufforderung des Schicksals gleichsam, das eigene Werk nun kompromisslos in Angriff nehmen zu können. Wagner entschied sich deswegen, nach einigen Opernaufführungen sowie spektakulären Konzerten (vor allem mit Sinfonien Beethovens, programmatisch aber auch mit der Uraufführung der umgearbeiteten *Faust-Ouvertüre*) die Tätigkeit des Kapellmeisters de facto aufzugeben. Vor diesem Hintergrund entwickelte er ein komplexes Verständnis seiner Tätigkeit, in dem sich Reflexion, Niederschrift und am Ende Aufführung nicht nur miteinander verbinden, sondern stets und von Anfang an undurchdringlich miteinander vermischen sollten. Jeder dieser drei Bereiche war im jeweils anderen, durchaus in einem Hegel'schen dialektischen Sinne, »aufgehoben«, jedoch ohne klare Abgrenzungen zu ermöglichen – und ermöglichen zu wollen. Es entstand also der durchaus radikale Vorsatz, die Dinge untrennbar zu machen – um ihr utopisches Potenzial zu wahren. Nichts legt davon ein deutlicheres, weil offen sichtbareres Zeugnis ab als die »konzertante« Uraufführung des ersten Aktes der *Walküre* 1856 in Zürich. Und noch die spätere Weigerung, den Münchner Aufführungen von *Rheingold* und *Walküre* zuzustimmen, legt von dieser Sorge Zeugnis ab, die Grenze zwischen Utopie und Wirklichkeit allzu leicht zu überschreiten.

So führte der lebensweltliche Bruch, den die Revolution zweifellos bedeutete, nicht etwa zu einem konzeptionellen Bruch, im Gegenteil. Wagner verstand die republikanische Umgebung seines selbst gewählten Exil-Ortes als, wenn man so will, kreative Herausforderung eigener, nun aber dialektisch gebrochener Art. Das *Ring*-Projekt formierte sich als ambitioniertes Ziel eines neuen, eines anderen Theaters, in dem das Scheitern der Revolution ebenso in sich aufgehoben war wie das Gelingen einer ausstehenden, einer künftigen. Wagner blieb damit den hegelianischen dialektischen Verstrebungen des Vormärz nicht einfach nur treu, sondern er verlängerte sie produktiv in eine kreative Herausforderung ganz eigener Art – indem er ihnen eine Form von geschichtlicher Wirkmächtigkeit einziehen wollte. Die von Shaw propagierte kapitalismuskritische Lesart des *Ring* lässt sich daher zweifellos gut begründen. Doch führt der Untergang Walhalls am Ende – und das ist die entscheidende Erweiterung – nicht zu einer neuen Wirklichkeit, sondern zu einer kompliziert gebrochenen Verheißung auf etwas Zukünftiges, dessen genaue Gestalt im Grunde noch unklar ist und auch unscharf bleiben muss.

Das Musikdrama selbst wird doppelt dialektisch begründet: als, wie bereits erwähnt, synthetische Antwort auf Oper und Instrumentalmusik sowie zusätzlich als synthetische Verbindung von antiker Tragödie und modernem Roman. Das Musikdrama erweist sich als das Bindeglied zwischen einer vorrevolutionären und einer postrevolutionären Gesellschaft. Diese Verankerung reicht bis in die Szenographie. So ist Brünnhildes Schlussgesang im allerletzten Moment der Tetralogie im Grunde nichts anderes als eine riesenhafte Grand-opéra-Szene, wobei das Orchester die Funktion des Chores übernimmt. Auf komplizierte Weise verbinden sich also die verachtete gestrige Gattung und ein imaginäres zukünftiges Modell, in einem durchaus hegelianischen Verständnis von Dialektik.

Diese dialektische Verankerung spiegelt sich zugleich in der Annahme, dass die Voraussetzungen dieser Zukunft in der Überwindung des gescheiterten Alten liegen müssen, also, wie es schon in *Kunst und Revolution* heißt, in der Überwindung von Antike und Christentum. Hier liegt zugleich eine der Wurzeln von Wagners Antisemitismus, denn der bis in die Regenerationsschriften aufrechterhaltene Vorwurf lautete am Ende, dass im Judentum die Überwindung des Christentums eben nicht möglich gewesen sei. Für Wagner war die dialektische Verknüpfung von Gelingen und Scheitern als Konsequenz aus den Revolutionen eine fortan zentrale Denkfigur, und vielleicht deswegen schob sich in die Fertigstellung des *Ring* die neue Dichotomie von *Tristan* und *Meistersingern*, die ihrerseits den *Ring* hart an den Rand des Scheiterns führen musste. Vielleicht hat sich deswegen in den *Meistersingern* die Gegenüberstellung von Scheitern und Gelingen sogar bis ins Schlussbild verlängert. Denn ausgerechnet dort, im Moment des Gelingens, in dem das republikanische Kunstwerk nach fünf Anläufen endlich glückt, beschwört Walther, in den letzten Worten seines Preisliedes, nochmals die Aufhebung von Antike und Christentum, in der erstaunlichen und irritierenden Vereinigung von Parnass und Paradies, in der der Name »Eva« – aus dem ersten Menschenpaar – eine schillernde Bedeutung erhält. Diese Versöhnung von Parnass und Paradies in einem eigenwillig fiktiven Nürnberg, das zugleich Vergangenheit, Gegenwart und Zukunft sein soll, ist gleichsam die in die Komödie gewendete Version des »Kunstwerks der Zukunft« und seiner Synthese von antiker Tragödie und modernem Roman, nur eben geknüpft an eine wenigstens erinnerte Wirklichkeit.

Diese Dialektik hat sich bis in den kompositorischen Habitus verlängert. Der entfesselte (und von Wagner sonst als zivilisatorische Bändigung der Musik verachtete) Kontrapunkt der *Meistersinger*, vor allem im dafür eigentlich gänzlich ungeeigneten Unort der Schusterstube, legt alles Gezwungene ab und lässt das Handwerk auch im Kompositorischen auf einmal als selbstverständliche, als utopische Verfügungsmasse erscheinen. Gegen diese Entfesselung der Idee von Linie, der Horizontalen, steht im *Tristan* von Anfang an das Versagen einer zielgerichteten harmonischen Fügung, also das Scheitern der Vertikalen. Wagner greift damit eine seit dem 18. Jahrhundert, insbesondere seit Rousseau und Herder zentrale ästhetische Diskussion über den Vorrang von Melodie oder Harmonie, von Horizontale und Vertikale auf – und lässt sie vorsätzlich im Ungewissen. Diese permanente Gratwanderung sollte zum Wesensmerkmal des Musikdramas werden, sie durchzieht auch den *Ring*, und sie unterscheidet sich von anderen Antworten auf die Revolution, von Verdis zunehmend düsterer, schließlich agnostischer Weltsicht ebenso wie beispielsweise von Schumanns Idee eines produktiven Realismus. In Wagners Theaterentwurf nach 1848/49 verlängert sich die dialektische Spannung des Vormärz absichtsvoll, mit allen Konflikten, Widersprüchen und Herausforderungen. Das ist zwar ein Wandel, zweifellos, aber alles andere als ein Bruch.

Natürlich bleibt der *Parsifal* in alledem die entscheidende Herausforderung, weil die christliche Metaphorik kein wirkliches Korrektiv mehr kennt und die Dialektik sich hier in den rätselhaften Schluss verlagert, dass Erlösungsbedürftigkeit sogar für den Erlöser bestehe. Damit sind eigenwillige Entscheidungen verbunden. Die Tonsprache, die sich zuvor in einem dialektischen Sinn so weit ausdifferenziert hat, wird wieder »eingehegt«, sie wird wieder monolithischer: etwa mit der Trennung der Sphären, also der Zuordnung der Diatonik zu den Gralsrittern und der Chromatik zum Reich Klingsors, mit der Einebnung der zuvor so relevanten Scheidung von Vertikale und Horizontale, mit der klaren Gegenüberstellung von »rezitativischen« und »ariosen« Momenten, mit der Einführung der Verwandlungsmusik, also des Orchesterzwischenspiels bei offener Szene. Aber dennoch lässt sich auch der *Parsifal* nur vor dem Hintergrund des vormärzlichen Denkens und der Revolutionen von 1848/49 verstehen, nicht etwa gegen diese oder gar als vorsätzlicher Abschied von ihnen. Der überstürzte Aufbruch nach Venedig unmittelbar nach der Uraufführung des *Parsifal* verweist ostentativ darauf, dass Wagner einer Lesart des Angekommenen, des Irreversiblen in jedem Fall entgegentreten wollte. Der permanente Zwiespalt zwischen dem Ephemeren, dem Vorübergehenden und dem vermeintlich Dauerhaften, Bestehenden prägt sein gesamtes Werk, von Anfang an und bis zum Schluss, er prägt den Bau des Festspielhauses ebenso wie den der Villa Wahnfried. Deren »Taufspruch« von 1874 »Hier wo mein Wähnen Frieden fand – Wahnfried – sei dieses Haus von mir benannt« steht, wie Claus-Dieter Osthövener schlüssig nachweisen konnte, in der Tradition des protestantischen Grabspruchs – ganz abseits jeder hagiographischen Zukunftsvergewisserung.[11] Loges rezitativischer, nicht pathetischer Vorwurf an die Götter, »die so stark im Bestehen sich wähnen«,[12] geäußert in einem Moment, in dem er ihnen nur noch nachblickt, erfährt hier eine eigenwillige autobiographische Wendung.

Nach einer ungefähr 50-jährigen kompositorischen Tätigkeit hat sich der Komponist, wiederum in einer dialektischen Volte, jedem Anschein von Endgültigkeit zu entziehen versucht. Noch die späten Pläne einer Emigration in die Vereinigten Staaten von Amerika im Umfeld der ersten Bayreuther Festspiele lässt die Wirkmächtigkeit der fortwährenden Widersprüche erkennen, Widersprüche, die eben wohl doch weniger psychologisch als politisch motiviert waren. So sehr dem Komponisten triumphale Gesten der Selbstbehauptung vertraut waren, so sehr er sie zuweilen geschätzt und gepflegt hat, so fremd sind sie ihm am Ende doch geblieben. Darin liegt die tiefe und nie abgestreifte Verbindung zum linkshegelianischen Vormärz, mit allen Unwägbarkeiten, Widersprüchen und Ungereimtheiten. Noch die Flucht nach Venedig, in die erste Wohnung, für die Wagner einen regulären Mietvertrag unterzeichnet und bezahlt hat, also an den Ort des *Tristan* und der nicht geglückten, sondern gescheiterten Republik gleichermaßen, lässt dies erkennen. Die Antwort der Stadt auf den plötzlich eingetretenen Tod war möglicherweise das Angebot eines Ehrengrabs auf der Friedhofsinsel San Michele, eine Option, die Cosima durch die Überführung des Leichnams nach Bayreuth zunichtegemacht hat. Selbstverständlich ist die Frage des »was wäre, wenn« historisch vollkommen unzulässig. Sie wäre aber in diesem Falle reizvoll, gerade angesichts dessen, was der Wagner-Rezeption erspart geblieben wäre, würde sich sein Grab auch heute noch in Venedig befinden.

Unter allen Wagner-Deutungen scheint diejenige, die sich am Vormärz orientiert, an den Revolutionen von 1848/49 sowie an ihren Folgen, im Sinne einer gescheiterten und doch virulenten Hoffnung, wohl die plausibelste zu sein. Nimmt man diese Diagnose ernst, so ist sie mit erheblichen Konsequenzen verbunden: dem Abschied von der Interpretationsmacht und -hoheit Bayreuths, dem Abschied vom Deutungsprivileg der Familie, dem Abschied vom Bayreuther Kanon, der Hinwendung zum ganzen Wagner, der neuen Offenheit für die nach wie vor provozierenden Widersprüche und Ungereimtheiten der Existenz, dem Willen, die anhaltende Provokation, die von diesem Werk ausgehen sollte und die weiterhin von ihm ausgeht, nicht zu bereinigen, sondern anzunehmen – und zwar anzunehmen gerade in jenem Bereich, der ihr Zentrum sein wollte, also der Musik selbst. Die Vermischung von produktiver Verheißung und überwundener Wirklichkeit, von Gelingen und Scheitern bleibt dann eine anhaltende Irritation, die in Wagners Denken und Schaffen genuin angelegt ist. Die damit verbundenen Unwägbarkeiten, Ärgernisse oder Zumutungen werden auf diese Weise nicht geringer, sondern kommen so erst recht zur Geltung. Im Sinne von Wagners Dialektik könnte man sagen, dass genau dies die Aufgabe von Kunst, von Musik sei, auch und gerade im 21. Jahrhundert.

VI Der tröstende »Verkehr mit einem Großen«

Wagner und Goethe

Umgang mit Goethe

Am 19. Juni 1869 gab Cosima von Bülow, geplagt von den schwierigen persönlichen Verhältnissen des öffentlich inszenierten Ehebruchs zwischen ihr und Hans von Bülow, in ihrem Tagebuch Unpässlichkeit zu Protokoll. Aufgehellt wurde die Bettlägerigkeit allein durch die Anwesenheit Richard Wagners, der ihr aus den Gesprächen Goethes mit Eckermann vorlas. Die laute Lektüre war allem Anschein nach wohltuend, und Cosima schloss ihren Eintrag mit dem Hinweis: »Sehr glücklich bin ich über die Gespräche Goethe's; in trübsten schwächsten Stunden ist immer der Verkehr mit einem Großen, Weisen, ein unendlicher Trost.«[1] Die als beglückend empfundene intime Nähe des »Großen« und »Weisen« ist hingegen von vielfältigen und auch unwägbaren Nuancen durchzogen. Sie betreffen Wagners Verhältnis zu Goethe ganz unmittelbar. Denn offenkundig gründet Cosimas Gefühl trostspendender Nähe in der vom Leser absichtsvoll herbeigeführten Nachbarschaft von Goethe und Wagner, die sich zugleich im Medium der Mitteilung, also im Unterfangen der Tagebücher offenbart. Cosimas Notizen sind auch und vor allem Protokolle der Gespräche mit Richard, und in dieser Form knüpfen sie geradezu unverblümt an das im Hause Wagner allem Anschein nach unablässig gegenwärtige Unternehmen Eckermanns an. Die veränderte Konstellation – Austausch des Sekretärs durch die faktische Ehefrau Cosima – rührt auch aus der Verachtung her, die Wagner für Goethes Ehe mit Christiane Vulpius empfand. Am 16. Januar 1880 heißt es bei Cosima:

»Abends ruft er mir leidenschaftlich zärtlich zu: Zwischen uns war es anders als zwischen Goethe und Fr. v. Stein. – Er findet aber die Wahl der Vulpius gräßlich, er habe noch geglaubt, sie sei brünett gewesen, aber nein, blond mit blauen Augen – und er zeigt mir das Portrait.«[2]

Goethe ist zeitlebens Wagners erwählter Begleiter gewesen, in den Werken, Schriften und eben in den von Cosima aufgezeichneten Gesprächen. Damit unterscheidet er sich freilich noch nicht von jener unübersehbaren Fülle von Zeitgenossen des mittleren und späten 19. Jahrhunderts, die den Dichter, in bildungsbürgerlicher Konvention, als Fluchtpunkt ihres eigenen Wirkens verstehen wollten. Doch schon beim ersten Blick fällt auf, dass die gesuchte Nähe zu Goethe systematischer und planvoller erfolgt ist als in fast allen anderen Fällen – und dass sie, keinesfalls überflüssig zu betonen, die Nähe eines Komponisten zu einem Dichter ist. Sucht man nach den Motiven dafür, so ist genau dies zu bedenken: dass es hier am Ende eben nicht allein um Bildung durch Lektüre geht, um lebensweltliche Überhöhung und idealische Inanspruchnahme, sondern, paradox genug, um kompositorische Konsequenzen aus der Nähe zu einem Dichter und um die Begründung des eigenen musikdramatischen Entwurfs. Wie komplex Wagners Goethe-Bild gewesen ist, zeigt sich schon an der Fülle heterogen wirkender Bezugspunkte, die eine bloße Bestandsaufnahme nicht einfach macht. Die Auseinandersetzung mit dem Dichter prägte Wagner von Beginn an. Unter den frühen Werken um 1830, also eines Komponisten von noch nicht einmal 20 Jahren, finden sich sieben in der Textwahl nicht ungewöhnliche *Faust*-Gesänge (WWV 15) sowie ein Entwurf zu einem Singspiel *Die Laune des Verliebten* (WWV 6), und später sollte der Konstellation in Weimar mit Goethe und Schiller die Rolle richtungsweisender Modellhaftigkeit zukommen.

Damit lässt sich eine erste bedeutungsvolle Spur ausmachen. Die Verquickung provinzieller Verhältnisse mit kosmopolitischem Geltungsanspruch, Hintergrund sowohl für Goethes Konstrukt von »Weltliteratur« als auch für Liszts Pendant der »Weltmusik«, hat Wagner beflügelt und im Augenblick vorrevolutionärer Begeisterung zu hochgestimmten Erwartungen veranlasst. Liszts endgültige Übersiedelung an die Ilm im Jahr 1848, sechs Jahre nach seiner Ernennung zum Hofkapellmeister, sollte, so die wechselseitige Hoffnung, den Beginn einer neuen Kunstepoche einläuten, zunichtegemacht durch Wagners spektakuläre Flucht aus Dresden. Noch im Dezember 1856 schrieb dieser aus der Wahlheimat Zürich an Liszt: »Nur Göthes und Schillers Briefwechsel erbaute mich sehr; er brachte mir unser Verhältnis sehr nahe und zeigte mir köstliche Früchte, die unter glücklicheren Umständen unsrem Zusammenwirken entsprießen könnten.«[3] Liszt seinerseits bemerkte 1860, in seinem ersten Testament, dazu (hier in der deutschen Version Schnapps): »Zu einer bestimmten Zeit (es sind etwa zehn Jahre her) hatte ich für Weymar eine neue Kunstperiode erträumt, ähnlich wie die der von Carl August, wo Wagner und ich die Führer gewesen wären, wie einst Goethe und Schiller. Die Engherzigkeit, um nicht zu sagen der schmutzige Geist gewisser örtlicher Verhältnisse, alle Arten von Mißgunst und Dummheit von draußen wie drinnen haben die Verwirklichung dieses Traumes zu nichte gemacht«.[4] Das unwiderrufliche Scheitern des Plans hat jedoch die mit dem Stichwort »Weimar« verbundene Denkform nicht verschwinden lassen. Sie prägte vor allem die Existenz in Zürich hartnäckig, sogar die Jahre in Tribschen, und noch in Bayreuth ließ Wagner nicht von der beziehungsreichen Parallele ab. Kurz nach den ersten Festspielen 1876 gab er lakonisch zu Protokoll: »In Deutschland ist wahrhaftig nur der ›Winkel‹, nicht aber die große Hauptstadt produktiv gewesen.«[5]

Ungeachtet dessen nimmt sich das kunstpolitische Programm eines »neuen Weimar«, mündend in den Plan zu einer Goethe-Stiftung im Umfeld des 100. Geburtstages 1849, immer noch als eine Äußerlichkeit aus. Sie besagt viel über Identifikationsgrößen und Legitimationsabsichten, wenig aber über die tatsächlichen Motive für die ostentative Annäherung an Goethe selbst. Im unmittelbaren Umfeld des Bekenntnisses zur Rolle Weimars an Liszt wurde Wagner gegenüber Marie Sayn-Wittgenstein allerdings deutlicher, und zwar zunächst mit einem Hinweis auf sein Lektüreverhalten: »Mit wahrer Gier habe ich nach unserer Trennung den Goethe-Schiller'schen Briefwechsel verschlungen. Mir geht es nun einmal so, dass ich selten eigentlich das lese, was vor mir steht, sondern das, was ich hineinlege. Und nun las ich das alles heraus, was ich mit Liszt zusammen fördern, anregen und ausbreiten könnte, wenn wir näher bei einander wären! Auch unser seltenes Freundschafts-Verhältnis las ich mit goldenen Lettern da heraus – und daran mag der St. Galler Festredner, von dem Ihnen Liszt erzählen kann, mit Schuld haben. So ward mir das Buch zu einer wahren Nachfeier unseres Zusammenseins. – Seitdem kann ich nichts mehr lesen.«[6]

Wagner offenbart sich hier als ein gieriger Leser, aber als einer, der in der Lektüre nicht einen Verfasser, einen Gegenstand, sondern sich selbst aufzuspüren gedenkt. Mit diesem erstaunlichen Bekenntnis erhält die gesuchte Nähe zu Goethe jedoch eine erste, eine plastische Kontur, die über die Vordergründigkeit eines kunstpolitischen Programms und seines Ortes hinausreicht. Der Dichter wurde für den Komponisten zu einer Art von Projektionsfläche, zu einer Identifikationsfigur im weitesten Sinne. Dies knüpft einerseits an Muster des 18. Jahrhunderts an, etwa der Klopstock-Rezeption, weist jedoch darüber hinaus, weil ganz offenkundig wird, dass es eben nicht um Goethe, sondern stets und primär um Wagner und seine Spiegelung in Goethe geht. Eine derart projizierende Lektüre blieb jedoch nicht isoliert, da Wagner in diesem Zusammenhang auch noch andere Autoren ins Feld führte, vor allem Schiller, Shakespeare und Calderón. Doch sie alle spielen gegenüber Goethe nur eine Nebenrolle, in einem Kanon, der gleichsam auf Goethe zugespitzt ist. Lediglich eine historische Figur nimmt einen vergleichbaren Rang ein, aber dies ist kein Dichter, sondern ein Komponist, nämlich Beethoven. Auch dieser steht nicht isoliert, doch in einem komplizierten Geflecht von Komponistenverweisen, vor allem auf Bach und Mozart, nimmt er einen besonderen Rang ein. Und spätestens in seinen Beethoven-Aufführungen hat Wagner gleichsam öffentlich zu Protokoll gegeben, dass seine Lektüre der Beethoven'schen Partituren sich nicht von derjenigen der Goethe-Texte unterscheidet: Projektionsfläche sind die Sinfonien auch hier.

So erscheinen beide, Goethe und Beethoven, bei Wagner als eine imaginäre Einheit, und immer wieder gewährt er ihnen die Suggestionskraft gemeinsamer Präsenz. Über die Pariser Aufführung des *Freischütz* durch Berlioz 1841 berichtete er beispielsweise: »So viel *dieser* [der *Freischütz*] zur Annäherung der beiden Nationen gethan hat, haben Goethe und Beethoven ebenfalls gethan; – mehr aber nicht, und dieß ist weniger als wenig, denn der ›Freischütz‹ hat namentlich dazu beigetragen, die Franzosen neuerdings von den Deutschen zu entfernen«.[7] Und in dem 1865 an Ludwig II. adressierten Entwurf eines deutschen Konservatoriums in München begegnen sich, dem Anlass des Textes – Gründung einer Musikakademie – eigentlich ganz unangemessen, Goethe, Schiller, Bach und Beethoven als Ahnherren eines kunstpolitischen Programms: »Daß wir Bach, Beethoven, Goethe und Schiller uns nur inkorekt [sic] vorzuführen vermögen, zeigt bloß, wie hoch die Anlage des deutschen Geistes über die Beschränkung der Verhältnisse durch Zeit und Raum erhaben ist.«[8] Die nationale Emphase ließ ihn, unter pathetisch-polternder Verachtung für Charles Gounod, festhalten, dass »aus unserer Mitte Beethoven und Goethe hervorgingen«. Schließlich mündete diese Denkfigur in eine geschichtsteleologische Beglaubigung des eigenen Schaffens. In einem Brief an Nietzsche stimmte Cosima Wagner 1871 ein bewegtes Loblied auf den französischen Wagner-Enthusiasten Édouard Schuré (1841–1929) an: »Eines darin hat mich aber gerührt, er sagt: er vermisst das Deutschland von *Goethe, Beethoven, R. Wagner*; so weit hat es noch kein Deutscher gebracht diese Namen zugleich zu nennen.«[9]

Wagners Goethe entspringt einem Projektionswillen, der sich in seiner Traumwelt sogar zu einer seltsamen Synthese verdichten konnte. Cosima bemerkte 1870 im Tagebuch, die Gemeinschaft von Dante und Vergil heraufbeschwörend, die wiederum auch Liszt für sein Verhältnis zu Wagner bemühte: »R. träumte von Goethe, dass er mit ihm wandelte, sich mit ihm unterhielt und bei ihm bleiben wollte, ›da habe ich meine Bestimmung gefunden im Umgange mit einem solchen Menschen‹. Gute Laune, er arbeitet, ich bei den Kindern.«[10] Noch immer allerdings ist damit nicht beantwortet, warum der Dichter Goethe für den Komponisten Wagner eine solche Bedeutung einnehmen konnte – und mit welcher Intention, insbesondere im Zusammenspiel mit Beethoven. Dieser bildet gewissermaßen den Kitt im Verhältnis Wagners zu Goethe, in einem komplizierten Wechselspiel von ideologischen, literarischen und kompositorischen Motiven, direkt verbunden mit der Konzeption des Musikdramas. Diesen sei etwas genauer nachgespürt.

Wagner und Faust

Die sieben 1831, also noch zu Goethes Lebzeiten abgeschlossenen *Faust*-Kompositionen des Achtzehnjährigen (WWV 15) lassen eine frühe Vorliebe für das Drama erkennen, von der er sein Leben lang nicht abrücken sollte, auch wenn es bezeichnenderweise die einzigen Vertonungen von Goethe-Texten geblieben sind, entstanden noch vor seinem 20. Geburtstag. Das kompositorische Zentrum dieser frühen Begeisterung bildet die 1840 vollendete *Faust-Ouvertüre* in d-Moll, seine letzte explizite kompositorische Hinwendung zu Goethe überhaupt. Immer wieder hat Wagner über die verschiedensten Werke Goethes nachgedacht, doch stets blieb die alles überragende, erdrückende Bedeutung des *Faust* unangefochten für ihn: »Aus den grundlosen Tiefen der sinnlich-übersinnlichen Sehnsucht schwang Goethe sich bis auf die heilig mystische Bergeshöhe, von welcher er in die Glorie der Welterlösung blickte: mit diesem Blicke, den kein Schwärmer je inniger und weihevoller in jenes unnahbare Land werfen konnte, schied der Dichter von uns, und hinterließ uns im ›Faust‹ sein Testament.«[11] Die Synthese von Faust, Testament und Welterlösung erhebt das Drama für ihn zur umfassenden Menschheitstragödie, hinter der folglich alles andere zurückstehen konnte und musste. So vermerkte Cosima 1878: »Neulich sagte R.: ›Beinahe möchte ich, Goethe hätte nichts weiter als wie den *Faust* geschrieben, so herrlich ist der!‹ (Er hatte eben zitiert: ›Von Zeit zu Zeit seh ich den Alten gern‹, u. s. w.).«[12] Und vorher schon: »Über die ›Wahlverwandtschaften‹ sagt er, das sei das Schönste mit ›Faust‹, was Goethe geschrieben.«[13] Auch wenn das einschränkende »beinahe« einem Zurückschrecken vor der letzten Konsequenz dieses Gedankens gleichkommt, so war es Wagner mit ihm doch ernst, und zwar in demselben Maße, in dem er wohl die Reduktion seines eigenen Schaffens auf die *Ring*-Tetralogie zugleich befürwortet und entschieden abgelehnt hätte. So schrieb Liszt 1857 aus Weimar nach Zürich: »Liebster Richard, Auf Deine Empfehlung lese ich den Briefwechsel zwischen Schiller und Goethe. Dein letzter Brief traf mich bei dieser Stelle: ›Ohnehin gehört es zu dem schönsten Glück meines Daseins, daß ich die Vollendung dieser Werke erlebe, daß sie noch in die Periode meiner strebenden Kräfte fällt [...].‹ Ich muß weinen, wenn ich an die Unterbrechung Deiner Nibelungen denke! Sollte denn wirklich der große *Ring* Dich nicht von allen den kleinen Kletten, die Dir anhaften, befreien? Gewiß hast Du viele Veranlassungen, verbittert zu sein.«[14] Und in diesem Sinne äußerte er sich auch selbst, wie Cosima 1872 notierte: »Ich habe immer im seligen Nachsinnen über die Vollendung der Götterdämmerung die ›Zueignung‹ von Goethe und dann die zwei Prologe gelesen; wie ich R. meine entzückte Empfindung davon mitteile, sagt er: ›Ja, das ganze Kunstwerk der Zukunft knüpft eigentlich an den Theaterprolog an, da ist alles angegeben.‹«[15]

Die Vorliebe für den *Faust*, die auch Liszt teilte, ist zunächst getragen von jener bildungsbürgerlich grundierten Begeisterung für das Drama, die um die Mitte des 19. Jahrhunderts auch die Komponisten erfasst hatte, jedoch mit einer merklichen Zurückhaltung gegenüber der Komposition größerer Zusammenhänge. Wagners *Faust-Ouvertüre* entstand 1839/40 in Paris und ist, sieht man einmal von den *Huit scènes* von Berlioz ab (der Text zu Spohrs Oper von 1813 stammt von Joseph Karl Bernard), die erste über einzelne Lieder hinausreichende kompositorische Auseinandersetzung eines Musikers von Rang mit dem Drama überhaupt. Wagner befand sich in Paris, und der hypertrophe Vorsatz einer Grand opéra in der Nachfolge des *Liebesverbots* war soeben gescheitert. Unmittelbar vor der Komposition lag jedoch die Begegnung mit der »Symphonie dramatique« *Roméo et Juliette* von Hector Berlioz – einem Werk, mit dem Wagner auf diese Weise in unmittelbare Konkurrenz zu treten hoffte. Damit allerdings war offenkundig der sinfonische Plan programmatischer Mehrsätzigkeit verbunden, von dem Wagner erst nach Vollendung des ersten Satzes absah – was ihn schließlich zur Gattungsbezeichnung »Ouvertüre« veranlasste.

In dieser *Faust-Ouvertüre* zeigt sich noch eine andere Eigenschaft. Äußerlich gibt sich das Werk tatsächlich als ein Sonatensatz mit langsamer Einleitung, also als ein erster Sinfoniesatz. Bei näherer Betrachtung hingegen wird die strikte Abgrenzung der Formteile schwierig, die Konturen verschwimmen vorsätzlich: Die langsame Einleitung, deren bedeutungsschwere Tritonus-Eröffnung selbst wieder Einleitung ist, erfüllt zum Teil Expositionscharakter, die Exposition selbst besitzt Durchführungselemente, während die Durchführung eine modifizierte Reprise von Teilen der Einleitung bringt, allerdings gedehnt und erweitert; die

Reprise wiederum ist so verkürzt, dass ihre Funktion sich in der Hinleitung zur Coda zu erfüllen scheint, die ihrerseits, ausgehend von der Wendung nach Cis-Dur, eben nicht einen triumphalen, sondern verklingenden D-Dur-Schluss des Werkes herbeiführt. Dieses Verfahren der permanenten Infragestellung von an sich klar definierten Formteilen ist erklärungsbedürftig in zweierlei Hinsicht, nämlich in technischer und in gleichsam semantischer. Zum einen lässt sich hier die Absicht erkennen, Elemente des Sonatensatzes mit denen des Sonatenzyklus zu überblenden – ein strukturelles Prinzip mithin, das erst einige Jahre später für Liszts Konzept der Sinfonischen Dichtung maßgeblich werden sollte und gemeinhin als Doppelfunktionsform bezeichnet wird. Zum anderen, dies das weitaus spektakulärere Element, wird die programmatische Ausrichtung auf den *Faust* zum Movens, tradierte Formen des Instrumentalsatzes in einem durchaus geschichtsphilosophisch gemeinten Sinne zu sprengen und hinter sich zu lassen. Die *Faust-Ouvertüre* mit ihrer aporetischen Form, deren grundlegende Überarbeitung kaum zufällig in Zürich und im Umfeld der Ausarbeitung des *Ring* erfolgte (mit verborgener Widmung an Mathilde Wesendonck), ist Wagners letzter vollendeter sinfonischer Satz, ja sein letztes wirklich selbstständiges sinfonisches Orchesterstück überhaupt. Sie ist am Ende – so wurde zumindest die Zürcher Aufführung im Januar 1855 auch angelegt – nicht weniger als sein aufwendig inszenierter Abschied von der Instrumentalmusik.

So aber erhält die Wahl des *Faust*-Stoffes einen übergreifenden, über die allgemeine Goethe-Begeisterung hinausweisenden Sinn. Sie dient dem Komponisten offenbar dazu, tradierte Muster der Instrumentalmusik aufzugeben und das vordergründig Programmatische für einen Neuansatz zu nutzen, der ihm zugleich als Abschluss gelten sollte. In diesem Sinne ist die *Faust-Ouvertüre* kein Programmstück, sondern Resultat des von Wagner beschriebenen projektiven Lektüreverhaltens. »Sein« Faust wird zum Mechanismus, den als historisch überholt erachteten instrumentalmusikalischen Zusammenhang zu überwinden. Die in den Leser projizierte Tragödie weitet sich damit zum Menschheits- und Künstlerdrama mit konkreten musikhistorischen Folgen, autobiographisch sichtbar daran, dass Wagner die bedeutende Umarbeitung des Werkes eben für Mathilde Wesendonck geschrieben hat, also in einer

Phase äußerster Anspannung, in der sich die Krise bei der Weiterarbeit am *Ring* abzuzeichnen begann – eine Krise, deren Spiegel die biographischen Umstände waren, deren Ursache aber das Problem zwischen Utopie und Dauer gewesen ist. Hans von Bülow, Wagners Zürcher Protegé, hat diesen Charakter der Partitur 1856 in einer sehr ausführlichen Rezension für die *Neue Zeitschrift für Musik* hervorgehoben: »Wagner's Faust-Ouverture ist ein Stimmungsbild, die zum künstlerischen Abschluß gekommene Darlegung eines Seelenzustandes, oder des Motivs, durch das ein solcher geschaffen wird. Ihr Stoff ist nicht der dramatische Charakter eines Helden, nicht das, was einen solchen stempelt: eine *That*. (Wir verweisen auf Wagner's herrliches Vorwort zur Coriolan-Ouverture von Beethoven, hier dem unerreichten Muster.) Ihr Stoff ist ein *Leiden*, kein Privatleiden eines gewissen Faust, sondern ein Leiden allgemein menschlichen Inhaltes. Nicht der Goethe'sche Faust ist also der Held, sondern die Menschheit selbst. Wie nun der Wortdichter mit der Absicht der Darstellung eines allgemein menschlichen Gedankens auch das einzig mögliche Mittel derselben wählen mußte, die Widerspiegelung desselben in einem bestimmten Individuellen, so hatte auch der Tondichter eine ähnliche Individualisierung mit gleicher Nothwendigkeit zu unternehmen, um seine Absicht zur möglichst ergreifenden Wirkung zu bringen. Das Naheliegendste war – es kommt hierbei freilich sehr darauf an, für *wen* – ins eigne Ich die Faust-Stimmung aufzunehmen und den ganz subjectiven Reflex des Allgemeinen künstlerisch zu äußern.«[16]

Die hier erkennbare Perspektivierung ist eindeutig: Die Wendung der Instrumentalmusik in eine Sinfonische Dichtung, die sozusagen gleichzeitig Ausgangs- und Schlusspunkt der instrumentalmusikalischen Denkform insgesamt sein will, bedarf der Legitimation durch ein *Faust*-Drama, das sich im Leser zum Menschheitsdrama geweitet hat. Der solchermaßen transformierte *Faust* wird damit zu einem zentralen Ausgangspunkt auch für das unmittelbar danach geschaffene neue Gattungsparadigma des Musikdramas, die Überarbeitung stellt sich also als eine Art Rückbesinnung dar. Diesen Zusammenhang bemerkte nicht nur Bülow, der 1856 bereits die Partituren von *Rheingold* und wohl auch von *Walküre* gekannt hat, sondern vor allem der Komponist selbst. Im Januar 1870 notierte Cosima folgenden Ausspruch ins Tagebuch: »›Alle

Goethe und Schiller zielen auf die Musik. Was uns in Calderon zuweilen befremdet, ist das italienische Element, welches die Oper hervorbrachte; in unsren Dichtern fühlen wir die Grundlage zum Musikdrama.‹«[17]

Beethovens »faustische« Musik

Der musikalische Bezugspunkt der *Faust-Ouvertüre*, dies hob bereits der Rezensent Bülow hervor, war am Ende weniger die Shakespeare-Sinfonie von Berlioz als vielmehr die Neunte Sinfonie Beethovens, die um 1840 noch nicht zum etablierten Kanon der vor allem auf die mittlere Schaffensphase konzentrierten Beethoven-Rezeption gehört hat. Gerade sie aber, die umstrittene und monumentale Chorsinfonie, lieferte für Wagner die historische Beglaubigung für einen Neuansatz. So argumentierte auch Bülow in diese Richtung: »Wagner's Faust-Ouverture wurzelt also gewissermaßen in Beethoven's neunter Symphonie, wie denn die Producte der Zukunftsmusik (wir können den verliehenen Spottnamen adoptiren wie den ›Geusen‹) überhaupt diesen Ausgangspunct vindiciren. Beethoven's letzte Werke gelten für uns nicht als der *Grabstein* seiner Schöpfungen, sondern als der besiegelnde Schlußstein derselben, der wiederum als der Fels erscheint, auf dessen Rücken sich ein neuer Bau musikalischen Lebens zu gründen hat.«[18]

Die gattungsgeschichtliche Sonderstellung, die Wagner der Neunten zukommen lassen wollte, um vor allem aus ihr das Musikdrama, das »Kunstwerk der Zukunft« als historische Konsequenz abzuleiten, hat den Komponisten schon früh zu einer Engführung dieses Werkes eben mit Goethes *Faust* veranlasst, einer Engführung, als deren kompositorischer Brennpunkt die *Faust-Ouvertüre* gelten kann. Hier erfüllt sich gewissermaßen die immer wieder proklamierte Nähe von Goethe und Beethoven, die letztlich zur Nähe von Neunter und *Faust* zugespitzt werden sollte. Kurz nach der Entstehung der Ouvertüre hat Wagner dieser Überblendung eine noch charakteristischere Gestalt verliehen, und zwar in der berühmten, am 5. April 1846, am Palmsonntag, in Dresden realisierten Aufführung der Neunten, die er 1854 in Zürich, wenn auch vergeblich, zu wiederholen versuchte, allerdings und bezeichnenderweise zu einem Zeitpunkt, als auch die *Faust-Ouvertüre* bereits bearbeitet wurde. Das Dresdner Konzert, an dem der junge Bülow teilnahm, wurde publizistisch aufwendig und energisch vorbereitet, unter anderem durch ein vom Komponisten selbst verfasstes erläuterndes »Programm«, das im Aufführungsbericht nochmals abgedruckt wurde.

Im Zentrum dieses Textes steht die auch in der Ouvertüre angedeutete Verbindung der Sinfonie mit *Faust*. Dieser Schritt war weder naheliegend noch in der bisherigen Rezeption von Beethovens Werk auf irgendeine Weise vorgegeben. Der Begründungszusammenhang, den Wagner liefert, erweist sich daher als vielsagend und bedeutsam. Die Zusammenführung eigentlich getrennter, verschiedenen Sphären angehörender Kunstwerke hat für ihn ihren Grund in der Inkommensurabilität der Instrumentalmusik selbst: »Muß nun zunächst zugestanden werden, daß das Wesen der höheren Instrumentalmusik namentlich darin besteht, in Tönen das auszusprechen, was in Worten unaussprechbar ist, so glauben wir uns hier auch nur andeutungsweise der Lösung einer unerreichbaren Aufgabe selbst dadurch zu nähern, daß wir Worte unsres großen Dichters *Goethe* zur Hülfe nehmen, die, wenn sie auch keineswegs mit Beethoven's Werke in einem unmittelbaren Zusammenhange stehen, und auf keine Weise die Bedeutung seiner rein musikalischen Schöpfung irgendwie durchdringend zu bezeichnen vermögen, dennoch die ihr zu Grunde liegenden höheren menschlichen Seelenstimmungen so erhaben ausdrücken, daß man im schlimmsten Falle des Unvermögens eines weiteren Verständnisses sich wohl mit der Festhaltung dieser Stimmungen begnügen dürfte, um wenigstens nicht gänzlich ohne Ergriffenheit von der Anhörung des Musikwerkes scheiden zu müssen.«[19]

Diese Instrumentalisierung Goethes durch Wagner verhält sich komplementär zu derjenigen Beethovens durch Bülow: Erklärte der eine, Wagner, Beethoven durch *Faust*, so der andere, Bülow, *Faust* durch Beethoven, und in beiden Fällen ist das Tertium comparationis Wagner, nämlich »seine« *Faust-Ouvertüre* und »seine« Aufführung der Neunten. In beiden Fällen dient Goethes Tragödie dazu, Besonderheiten der instrumentalmusikalischen Faktur zu begründen und damit der Tradition einen geschichtsphilosophischen Fluchtpunkt zu verleihen. Dabei bildet die Fallhöhe beider Gegenstände, also der singuläre Charakter von

Drama und Sinfonie, nur die oberflächlichste Schicht ihrer Verbindung. Viel bedeutsamer ist, dass Wagner beide Werke zusammenzwingt, indem er ihnen eine grundsätzliche (und damit grundsätzlich vergleichbare) Peripetie zuspricht. Erst diese gewissermaßen strukturelle Nähe erlaubt es, in der Überblendung von den Inhalten selbst zu abstrahieren. Die der Neunten aufgebürdete Programmatik folgt daher nicht etwa chronologisch der *Faust*-Geschichte, auch nicht einzelnen Szenen, sondern bedeutungsvoll aufgerufenen Versen, mit denen sich lediglich bestimmte Zustandsschilderungen des Protagonisten assoziieren. Die Verknüpfung der satztechnischen Faktur mit dem Drama gründet also ausdrücklich nicht in Handlungsmomenten, sondern in jenen von Bülow für die Ouvertüre apostrophierten seelischen »Stimmungsbildern«. Gerade diese lassen sich aber von beiden Seiten lösen, von der Goethe'schen Dramenhandlung ebenso wie von der Beethoven'schen sinfonischen Architektur. Sie bilden für Wagner ein Substrat beider Kunstwerke, eben in einer für ihn typischen »projizierenden« Lektüre.

An diesem Punkt kommt dem Gedanken der grundsätzlichen Peripetie eine nochmals geweitete Bedeutung zu. Die kunstvolle Inszenierung des Programms zum letzten Satz deutet in der Überblendung von Schiller und Goethe darauf, dass Beethovens Neunte für Wagner einen Scheidepunkt der Gattungs- und damit der Musikgeschichte schlechthin darstellt: »Den Übergang vom dritten zum vierten Satz, der wie mit einem grellen Aufschrei beginnt, können wir ziemlich bezeichnend noch durch *Goethe's* Worte deuten [...]. Mit diesem Beginne des letzten Satzes nimmt Beethoven's Musik einen entschieden sprechenderen Charakter an: sie verläßt den in den drei ersten Sätzen festgehaltenen Charakter der reinen Instrumentalmusik, der sich im unendlichen und unentschiedenen Ausdrucke kundgiebt; der Fortgang der musikalischen Dichtung dringt auf Entscheidung, auf eine Entscheidung, wie sie nur in der menschlichen Sprache ausgesprochen werden kann.«[20] Das »Hinzutreten der Sprache und Stimme des Menschen als eine zu erwartende Nothwendigkeit« bedeutet das Verlassen der »Schranken der absoluten Musik«, es ist wie »der letzte Versuch, durch Instrumentalmusik allein ein sicheres, selbstbegränztes und untrübbares freudiges Glück auszudrücken«. Genau an dieser Stelle des Programms jedoch tritt der *Faust*-

Bezug endgültig in den Hintergrund, nur anderthalb Verse werden im Blick auf den Schlusssatz beiläufig noch zitiert. Die Verbindung von Neunter und *Faust* erfüllt sich also in diesem letzten Satz, wo sie im doppelten Sinne aufgehoben wird.

Goethes Scheitern

Für Wagner ist dieser Zusammenhang, der das Herzstück seiner Begründung des Musikdramas darstellte, von großer Bedeutung gewesen. Er hat an dieser expliziten Deutung der Neunten, die zugleich eine implizite des *Faust* ist, zeitlebens festgehalten. Mit ihr ist die Diagnose verbunden, dass nicht nur Beethoven mit der Neunten an eine Grenze gestoßen sei, die gewissermaßen das Scheitern der Instrumentalmusik markiert und überwindet, sondern auch Goethe mit *Faust*. Bemerkenswert oft ist bei Wagner die Bewunderung für das Drama verknüpft mit dieser Diagnose des Scheiterns, und erst diese Einheit scheint – wie bei Beethoven – für ihn die eigentliche Faszination auszumachen. In der Beethoven-Schrift von 1870 wird dieser Kontext, nun bereits unter dem Eindruck der Schopenhauer-Lektüre und der daraus abgeleiteten Sonderstellung der Musik, unmissverständlich angesprochen: Goethe und Schiller »begegneten sich auch in der Ahnung vom *Wesen der Musik*; nur war diese Ahnung bei Schiller von einer tieferen Ansicht begleitet, als bei Goethe, welcher in ihr, seiner ganzen Tendenz entsprechend, mehr nur das gefällige, plastisch symmetrische Element der Kunstmusik erfaßte, durch welches die Tonkunst analogisch wiederum mit der Architektur eine Ähnlichkeit aufweist. Tiefer faßte Schiller das hier berührte Problem mit dem Urtheile auf, welchem Goethe ebenfalls zustimmte, und durch welches dahin entschieden ward, daß das Epos der Plastik, das Drama dagegen der Musik sich zuneige. Mit unserem voranstehenden Urtheile über beide Dichter stimmt nun auch das überein, daß Schiller im eigentlichen Drama glücklicher war als Goethe, wogegen dieser dem epischen Gestalten mit unverkennbarer Vorliebe nachhing.«[21] Vor dem Hintergrund der Sonderstellung der Musik ist das Defizit des Musikalischen im Dramatischen eben nicht nur ein ästhetisches, sondern ein historisches, letztlich sogar menschheitshistorisches.

Wagners Diagnose hat ihre Wurzeln in der frühen Beschäftigung mit *Faust*, und sie findet sich bereits in vollem Umfang in den Zürcher Schriften ausgeprägt. Im *Kunstwerk der Zukunft* wird der Zusammenhang bezeichnenderweise noch vor der intensiven Schopenhauer-Rezeption ausgeführt und mit Blick auf die Erlösung der Kunst geschichtsphilosophisch überhöht. Die Erlösung der Kunst durch den Künstler war, dies Wagners Überzeugung, sowohl Beethoven verwehrt als auch Goethe. Im zweiten Kapitel über den künstlerischen Menschen mündet der Abschnitt über die Dichtkunst in eine Diagnose von Goethes Scheitern. Nur »vier Wochen reinen Glückes« habe dieser in seinem ganzen Leben erlebt, der Rest seien qualvolle Erfahrungen gewesen: »Ihn, den Gewaltigen, verlangte es, aus der lautlosen Einöde kunstliterarischen Schaffens sich in das lebendige, klangvolle Kunstwerk zu erlösen. Wessen Auge war sicherer und umfassender im Erkennen des Lebens, als das seinige? Was er ersehen, geschildert, und beschrieben, das wollte er nun auf jenem Instrumente zu Gehör bringen. O Himmel! wie entstellt, wie unkennbar klangen ihm seine, in dichterische Musik gebrachten, Anschauungen entgegen! Was hat er mit dem Stimmhammer pochen müssen, was die Saiten ziehen und dehnen, bis wimmernd sie endlich sprangen! – Er mußte ersehen, daß in der Welt Alles möglich ist, nur nicht, daß der abstrakte Geist die Menschen regiere: wo dieser Geist nicht aus dem ganzen gesunden Menschen herauskeimt und seine Blüthe entfaltet, da läßt er sich nicht von oben herein eingießen. Der egoistische Dichter kann durch seine Absicht mechanische Puppen sich bewegen lassen, nicht aber aus Maschinen wirkliche Menschen zum Leben bringen. Von der Bühne, wo Göthe *Menschen* machen wollte, verjagte ihn endlich ein *Pudel*, – zum warnenden Beispiele für alles unnatürliche Regieren von Oben!«[22]

Das von Wagner diagnostizierte Scheitern ist folglich zugleich ein Scheitern vor der Aufgabe des Künstlers, Kunst und Leben neuerlich, eben im »Kunstwerk der Zukunft«, zusammenzuführen. Das ästhetische Programm der drei zentralen Zürcher Kunstschriften mündet in die Beglaubigung des modernen Künstlers, der in seiner privilegierten Existenz dazu berufen sei, Kunst und Leben in der Wirklichkeit des Kunstwerks ahnungsvoll zur Deckung zu bringen – wenn auch mit dem ungelösten Problem, utopischen Entwurf und andauernde Gegenwart in irgendeine stabile Beziehung zu setzen. Das Scheitern gründet für Wagner demnach nicht im fehlenden Willen, sondern in den fehlenden Voraussetzungen. Wie bei Beethoven bezieht sich dieses Scheitern nicht einfach auf den Dichter Goethe, sondern paradigmatisch auf die Dichtkunst an sich: »Wo ein Göthe gescheitert war, mußte es guter Ton werden, von vorne herein sich als gescheitert anzusehen: die Dichter dichteten noch Schauspiele, aber nicht für die ungehobelte Bühne, sondern für das glatte Papier. [...] So erschien denn das Unerhörte: *für die stumme Lectüre geschriebene Dramen*!«[23] Oder andersherum: Goethes unerbittliches Bestreben, Kunst und Leben wieder in Einklang zu bringen, versagte am Ende, so Wagner kurze Zeit später, in *Oper und Drama*, wegen der Preisgabe der Kunst zugunsten des Lebens: »*Göthe's* praktischer Sinn versöhnte sich mit unserem Lebenselemente durch Aufgeben der vollendeten Kunstform und Weiterbildung der einzigen, in der dieses Leben sich verständlich aussprechen konnte.«[24] Hierin manifestiert sich die Sonderstellung des *Faust*. Wagner verstand ihn als radikalen Bruch mit den tradierten Vorstellungen des Dramas und als Ahnung einer Form, in der das Leben aufscheint und sich mit der Kunst zu versöhnen imstande sein könnte. Der Preis allerdings war hoch, weil die szenische Aufführung, also die Bühnenwirklichkeit nicht mehr in Betracht gezogen werden konnte: Im *Faust* »schlug Göthe zum ersten Male mit vollem Bewußtsein den Grundton des eigentlichen poetischen Elementes der Gegenwart an, *das Drängen des Gedankens in die Wirklichkeit*, den er künstlerisch aber noch nicht in die Wirklichkeit des Dramas erlösen konnte. Hier ist der Scheidepunkt des mittelalterlichen, bis zur Seichtigkeit des bürgerlichen verflachten *Romanes* und des wirklich *dramatischen Stoffes* der Zukunft«.[25]

Auf diese Weise berührt sich Goethe mit Beethoven. Wagner bewertet die *Iphigenie* einerseits als Rückschritt gegenüber der *Faust*-Konzeption, andererseits als endgültige Distanz zu einer Tradition, die gleichzeitig auch Beethoven überwand. Denn Goethe verfuhr hier »ähnlich wie Beethoven in seinen wichtigsten symphonischen Sätzen: wie Beethoven sich der fertigen absoluten Melodie bemächtigte, sie gewissermaßen auflöste, zerbrach und ihre Glieder durch neue organische Belebung zusammenfügte, um den Organismus der Musik selbst zum Gebären der Melodie fähig zu machen – so ergriff Göthe den fertigen Stoff der ›Iphigenia‹, zersetzte ihn in seine Bestandtheile, und fügte diese durch organisch belebende dichterische Gestaltung von Neuem zusammen, um so den Organismus des Drama's selbst zur Zeugung der vollendeten dramatischen Kunstform zu befähigen«.[26] Goethe musste folglich scheitern, weil in dieser vollendeten dramatischen Kunstform der Konnex mit dem modernen Leben aufgekündigt war – ein Konnex, den umgekehrt zwar *Faust* besaß, aber unter Preisgabe eben der dramatischen Kunstform. Die Gewähr für das Gelingen dieser Kunstform kann für Wagner einzig die Musik bieten, die er in diesem Zusammenhang enthusiastisch ins Spiel bringt. Auf sie musste nämlich auch Goethe zurückgreifen, um im *Egmont* »in der Kerkereinsamkeit und unmittelbar vor dem Tode sich einigende reinmenschliche Individualität dem *Gefühle* darzustellen«.[27] Wagner fand es deswegen nicht verwunderlich, dass Schiller dieses Hereinbrechen der Musik in den *Egmont*-Schluss ebenso wenig verstanden habe wie Beethoven, der die Jubelsinfonie eben viel zu früh, bereits in der Ouvertüre, eingesetzt habe.

Angesichts dieser Diagnose erstaunt es nicht, dass selbst in den Plänen zur Errichtung der Goethe-Stiftung das wenigstens implizite Bedürfnis historischer Konsequenz aufscheint: im Sinne der Aufgabe, die uneingelöste Hoffnung des *Faust* gleichsam doch noch in die Wirklichkeit zu treiben: »Da wir gerade von einer ›Göthe‹-stiftung sprechen, so läge uns – dächte ich – die Erfahrung nicht so weit ab, daß unser größter Dichter jene künstlerischen Organe zur Verwirklichung seiner höchsten Absichten eben nicht fand.«[28] Anders als in einer bildungsbürgerlich grundierten Goethe-Rezeption, die der bloßen Selbstbeglaubigung diente, reklamiert der Revolutionär Wagner als Goethe-Leser den Dichter und als Beethoven-Dirigent den Komponisten als gewissermaßen unhintergehbare Grenzen, am Anfang eines neuen utopischen Entwurfs. Das Scheitern des Dramas kommt dabei dem Scheitern der Sinfonie gleich, es ist das Scheitern am Ende der Dichtkunst, repräsentiert durch Goethe, und der Instrumentalmusik, repräsentiert durch Beethoven. Die Engführung von *Faust* und Neunter ist deswegen kunstphilosophisches Programm im tiefsten Sinne, es ist die Überblendung der beiden vor der *Kunst und die Revolution* liegenden zentralen Schlüsselwerke. Hier erfüllt sich dann auch die Aufgabe des Komponisten, die schließlich in *Oper und Drama* in der Tat als revolutionärer Akt beschrieben wird.

Faust und Helena

Das »Kunstwerk der Zukunft« ist das Musikdrama. Das Musikdrama aber konstituiert sich am Ende aus der utopischen Versöhnung von Himmel und Erde, von antiker Tragödie und modernem Roman: »Jener Himmel ist in Wahrheit aber nichts Anderes, als die *antike Kunstform*, und jene Erde der *praktische Roman unserer Zeit.*«[29] Dieser Versöhnung haben aber die Fehlentwicklung des Romans wie der Tragödie immer größere Schwierigkeiten in den Weg gelegt: »Die neueste dramatische Dichtkunst, die *als Kunst* nur von den, zu literarischen Denkmälern gewordenen Versuchen Goethe's und Schiller's lebt, hat das Schwanken zwischen den bezeichneten entgegengesetzten Richtungen bis zum Taumeln fortgesetzt.« Die Beseitigung dieses Taumelns ist zur Aufgabe der Musik und damit der Künstlergestalt des Komponisten geworden. In diesem Begründungszusammenhang kommen nochmals Goethe und seinem *Faust* eine umfassende Bedeutung zu. Denn das Kunstwerk der Zukunft als synthetische Leistung beruht eben nicht auf der analogiehaften Überblendung der Sinneseindrücke – und damit, in Anlehnung an Lessings *Laokoon*, eben nicht auf der bloß beglaubigenden Inanspruchnahme von Goethe und Beethoven gleichermaßen: »Wer sich die Vereinigung aller Künste zum Kunstwerke nur so vorstellen kann, als ob darunter gemeint sei, daß z. B. in einer Gemäldegallerie und zwischen aufgestellten Statuen, ein Göthe'scher Roman vorgelesen und dazu noch eine Beethoven'sche Symphonie vorgespielt würde, der hat allerdings Recht, wenn er auf *Trennung* der Künste besteht und es jeder einzelnen zugewiesen sein lassen will, wie sie sich zu möglichst deutlicher Schilderung ihres Gegenstandes verhelfe.«[30] Die angestrebte Vereinigung, die sich vom »Blödsinn dieser Aesthetiker« radikal unterscheiden will und die Wagner im dritten Teil von *Oper und Drama* so kompliziert herleitet, hat als Fluchtpunkt nicht die zeitlose Vergegenwärtigung, sondern das

Scheitern von Goethe und Beethoven, das es projektiv zu nutzen, dem es produktiv zu entgegnen gelte.

In diesem Zusammenhang tritt erneut an die Seite der Neunten Sinfonie der *Faust*, der die erhoffte Befreiung in einer unerwarteten Weise bereithält. Denn es ist die Möglichkeit der Vermählung von Faust und Helena, in der sich für Wagner eine Lösung abzeichnet, die zugleich Erlösung sein kann und die vorderhand, unter den Bedingungen Beethovens und Goethes, nur eine Illusion bleiben musste. Die Verbindung von Faust und Helena erhält damit den merkwürdig überhöhten Anspruch eines ästhetischen Programms, und zwar kaum zufällig am Ende der Beethoven-Schrift von 1870: »Im höchsten Alter vollendete er seinen *Faust*. Was ihn je zerstreute, faßt er hier in ein Urbild aller Schönheit zusammen: *Helene* selbst, das ganze, volle antike Ideal beschwört er aus dem Schattenreich herauf, und vermählt sie seinem Faust. Aber der Schatten ist nicht fest zu bannen; er verflüchtigt sich zum davonschwebenden schönen Gewölk, dem Faust in sinniger, doch schmerzloser Wehmuth nachblickt. Nur *Gretchen* konnte ihn erlösen; aus der Welt der Seligen reicht die früh Geopferte, unbeachtet in seinem tiefsten Inneren ewig innig Fortlebende, ihm die Hand. Und dürfen wir, wie wir im Laufe unserer Untersuchung die analogischen Gleichnisse aus der Philosophie und Physiologie herangezogen, jetzt auch dem tiefsten Dichterwerke eine Deutung für uns zu geben versuchen, so verstehen wir unter dem: ›Alles Vergängliche ist nur ein Gleichniß‹ – den Geist der bildenden Kunst, der Goethe so lange und vorzüglich nachstrebte, unter dem: ›Das ewig Weibliche zieht uns hinan‹ aber den Geist der Musik, der aus des Dichters tiefstem Bewußtsein sich emporschwang, nun über ihm schwebt, und ihn den Weg der Erlösung geleitet.«[31]

Die Versöhnung von antiker Tragödie und modernem Roman deutet sich an in der Vermählung von Faust und Helena und kommt letztlich der Versöhnung von Kunst und Leben im Medium der Dichtung gleich. Dieser Gedanke bleibt für Wagner im *Faust* nur eine Hoffnung, aber genau hierin liegt der Kern seines Goethe-Verständnisses. Weil Goethe im *Faust* und weil Faust selbst scheitert, bedarf dieser überhaupt der Erlösung durch Helena, einer Erlösung, die sich letztlich, in Wagners projizierender Lektüre, auf das Kunstwerk der Zukunft beziehen muss.

Faust ist deswegen für Wagner als »unbegreifliches Kunstwerk« und als »ungelöstes Rätsel« das »deutscheste aller Dramen«,[32] nicht allein aus hohler patriotischer Emphase. Gemeint ist damit vielmehr das wahrhaft Romanhafte der theaterlosen Tragödie, die der Verbindung mit der Antike auch vor diesem Hintergrund bedarf. Um dies hervorzuheben, bediente sich Wagner einer ganz außergewöhnlichen Emphase: »Heil dir, Goethe, der du die Helena dem Faust, das griechische Ideal dem deutschen Geiste vermählen konntest!«[33] Damit sind zwar politische Implikationen im Umfeld des deutsch-französischen Krieges gemeint, aber eben in einer merkwürdig unscharfen Vermischung mit jenem utopischen Ideal, mit dem bereits die Schrift über *Die Kunst und die Revolution* schloss. Denn in einer eigenartigen finalen Wendung resultiert die privilegierte Vorrangstellung des ahnungsvollen Künstlers eben aus dieser Versöhnung von Antike und Moderne, von Apollon und Jesus.

Die musikalischen Implikationen der solchermaßen sich verdichtenden Goethe-Lektüre sind bedeutend, weil sie letztlich auch sehr unmittelbar und sehr konkret die Neunte Sinfonie Beethovens betreffen, gewissermaßen die »faustische« Sinfonie schlechthin. Denn die immer wieder geforderte Rückbindung der Melodie an das Wort, und zwar auch dort, wo sie als »unendliche« Melodie sich vom Wort löst, meint die Entgrenzung der tradierten musikalischen Syntax in der berühmt gewordenen »dichterisch-musikalischen Periode«. Die Versöhnung von Roman und Tragödie musste im Blick auf die Musik projektiv bleiben, weil der historische Stoff der Aneignung – die antike Musik – einer ahnungsvollen Rekonstitution bedarf. Kaum zufällig ist dieser Deutungszusammenhang in Nietzsches *Geburt der Tragödie* aufgenommen worden. Das Scheitern von Goethe und Beethoven musste damit auch als ein Scheitern aus dem kulturellen Verlust der antiken Musik heraus erscheinen. Wagner wurde vor allem deswegen nicht müde, die mythische Konstitution der Melodie aus dem Vers heraus nicht als bloße Operntechnik zu beschreiben, sondern als Kompensation dieses uneinholbaren Verlusts. Die episodische Vermählung von Faust und Helena als bloße Hoffnung hat Wagner daher später eine immer größer werdende Distanz abgenötigt. Cosima notiert unter dem 7. Dezember 1873 im Tagebuch: »Abends im ›Faust‹ weiter – leider behagt uns die Helena nicht; man fühlt zu sehr die Nachahmung des mißverstandenen Originals, man merkt das Suchen, es ist kalt.«[34] Und ein paar Jahre später, schon nach Abschluss der *Götterdämmerung* und während der Arbeiten am *Parsifal*, träumte Wagner im Scherz davon, seine Bibliothek zu »vernichten«, mit Ausnahme der Werke Shakespeares und Cervantes'. Als Cosima intervenierte und auf der Zugehörigkeit des *Faust* beharrte, war seine Entgegnung eindeutig: »›Ja, aber das Hoffest und die Helena nicht; die Ehe von Helena und Faust, das ist ein schöner Gedanke, aber eben ein Gedanke.‹«[35]

Und dennoch bündelt sich in diesem »schönen Gedanken« die Herleitung des Musikdramas, die der projektive Leser Wagner aus seiner Goethe-Lektüre und ihrer Überblendung mit seinem gleichfalls projektiven Beethoven-Verständnis bewerkstelligen wollte. Die lebenslange Auseinandersetzung mit dem Dichter und insbesondere seinem *Faust* hat einen deutlichen Fokus, einen Fluchtpunkt gewissermaßen, auf den sich alles zentriert. Das Abarbeiten am »Scheitern« Goethes war zugleich eines am »Scheitern« Beethovens, und die Lösung musste die Geburt des Musikdramas sein, aus der Ahnung der Vermählung von Faust und Helena. Wagner selbst hat am Ende seines Schaffens diese Perspektive wieder in die Irrealität des bloß schönen Gedankens entrückt. Für seine Auseinandersetzung mit Goethe hingegen ist gerade dieser Gedanke auf eine ganz erstaunlich hartnäckige Weise konsistent geblieben.

Bezeichnenderweise hat Wagners Goethe-Lektüre viel später ahnungsvoll einen Komponisten und einen Dichter fasziniert, die sich beide – ungeachtet anderer Forschungsmeinungen – sehr viel näherstehen und die sich auf unterschiedliche, doch nicht unähnliche Weise in der Verlängerung dieses Zusammenhangs sehen wollten. Richard Strauss und Thomas Mann haben auf je besondere Art Wagners Goethe-Verständnis auf das eigene Schaffen bezogen und dort gleichsam fortgeschrieben. Strauss hatte nicht weniger im Sinn, als die Versöhnung von Faust und Helena gewissermaßen nachzuholen, sehr konkret in der gemeinsam mit Hofmannsthal geschaffenen *Ägyptischen Helena*. Für ihn war dies ein Weg, die eigene, nach-wagnersche und nach-goethesche Position in der Musikgeschichte der Moderne zu definieren. »Der griechische Germane«, als den sich Strauss selbst bezeichnete,[36] wollte damit einen kulturgeschichtlichen Zusammenhang endgültig zu Ende bringen und die Musik unwiderruflich von allen metaphysischen Verpflichtungen befreien. Und Thomas Manns »deutscher Tonsetzer« Adrian Leverkühn imaginierte in der Szene vor dem gesundheitlichen Zusammenbruch eine am Ende vergleichbare Konsequenz, nämlich die ausbleibende Erlösung, in der sich die Denkfigur des Scheiterns auf fundamentale Weise fortsetzt. Im Dialog mit Zeitblom wird Wagners Deutung der Neunten und ihre Verbindung zum *Faust* noch einmal, ein letztes und entscheidendes Mal aufgerufen. Denn die letzten Sätze von Leverkühn-Faustus lauten: »›Ich habe gefunden‹, sagte er, ›*es soll nicht sein.*‹ – ›Was, Adrian, soll nicht sein?‹ – ›Das Gute und Edle‹, antwortete er mir, ›was man das Menschliche nennt, obwohl es gut ist und edel. Um was die Menschen gekämpft, wofür sie Zwingburgen gestürmt, und was die Erfüllten jubelnd verkündigt haben, das soll nicht sein. Es wird zurückgenommen. Ich will es zurücknehmen.‹ – ›Ich verstehe dich, Lieber, nicht ganz. Was willst du zurücknehmen?‹ – ›Die Neunte Symphonie‹, erwiderte er. Und dann kam nichts mehr, wie ich auch wartete.«[37]

VII Jenseits der Religion

Wagners musikalische Utopien

Die politische Radikalisierung Richard Wagners hat früh eingesetzt, um 1830 werden erste direkte Zeugnisse greifbar, so in der begeisterten Anteilnahme am polnischen Aufstand. Seine Sympathien für Liberale und Demokraten, schließlich für den frühen Anarchismus traten rasch und dann immer offenkundiger hervor, seine zunächst indirekten, dann persönlichen Kontakte zum sich in den 1830er-Jahren formierenden linkshegelianischen Milieu wurden fortwährend intensiver. Gemeint sind damit jene Intellektuellen, die sich wie der für Wagner so wichtige Ludwig Feuerbach (1804–1872), der »in dankbarer Verehrung« zum Widmungsträger vom *Kunstwerk der Zukunft* werden sollte, zwar an der Hegel'schen Dialektik orientierten, dies aber gerade nicht in einem bewahrenden, sondern in einem revolutionären Sinn. Damit verbunden war eine scharfe, sich immer weiter radikalisierende Gesellschaftskritik, die zu den entscheidenden Wurzeln der Revolutionen von 1848/49 gehörte und damit die Physiognomie dessen geprägt hat, was man schon unmittelbar nach den Aufständen als »Vormärz« bezeichnete. Bereits in jungen Jahren entwickelte Wagner die für die Linkshegelianer zunächst nicht naheliegende Vorstellung, dass auch und gerade Musik zum Teil einer neuen bürgerlich-politischen Selbstbehauptung werden könne. Als Vorbild und Beispiel konnte ihm die berühmt gewordene Aufführung von Aubers *Muette de Portici* am 25. August 1830 in Brüssel gelten; sie wurde zum Auslöser des belgischen Aufstands, die Verknüpfung von Musik und Revolution war damit anschaulich greifbar, was sich auch in den deutschsprachigen Pressereaktionen erkennen lässt.[1]

Unmittelbar nach dem blutigen Ende der Revolutionen von 1848/49 hat Wagner diese Idee einer direkten Politisierung nicht etwa abgeschwächt, sondern weiter ausgebaut, und zwar im Zusammenhang mit der Begründung des Musikdramas. Dieses sei, so ein zentraler Gedanke in der Schrift *Kunst und Revolution*, die erst *Theater und Revolution* heißen sollte, die notwendige Konsequenz aus einem doppelten Scheitern: dem der Oper und dem der selbstständigen Instrumentalmusik. Das lässt sich durchaus als eine Denkfigur im Sinne der hegelianischen Dialektik verstehen. Gleichwohl setzte dies notwendig die Überzeugung voraus, nur im musikalischen Bühnenschaffen seien Darstellung, Selbstdarstellung und Welthaltigkeit so undurchdringlich miteinander verwoben, dass daraus so etwas wie eine neue, übergreifende Geltungsmacht überhaupt hervorgehen könne. Deswegen war auch das Musikdrama selbst, über das Musikalische hinaus, unweigerlich nicht nur an die Revolution, sondern zugleich an deren Scheitern gebunden. Erst dies begründete sein utopisches Potenzial.

Die hier erkennbare dialektische Verstrebung hat Wagner lebenslang beschäftigt, am deutlichsten in der fundamentalen Krise bei der Vollendung des *Ring*, inmitten des *Siegfried*. Sie war letztlich ein Resultat der Frage, wie eigentlich ein »Kunstwerk der Zukunft« aussehen könne, das nicht allein an das Scheitern von Oper und Sinfonie der Gegenwart geknüpft war, sondern zugleich an das Scheitern jenes politisch-revolutionären Umsturzes, dem es sich eigentlich verdanken sollte und musste. Die hegelianische Vorstellung von »Aufhebung«, von Bewahrung und Negation zugleich, sollte in diesem Zusammenhang eine besondere Bedeutung erlangen, weil in ihr die Dialektik von Rückschau und Vorschau wesensmäßig verankert ist. Wagners deutlich wahrnehmbare Annäherung an diese Denkfigur zeigt sich, nach der großen Krise, in der komplizierten Aufnahme »traditioneller« Opernelemente in der *Götterdämmerung*, wie Arie, Ensemble, Chor, Bühnenmusik oder Tableau. Sie werden dort aber lediglich erinnert, vergegenwärtigt, um sie dann im Flammenmeer des Schlussbildes endgültig aufzuheben, und zwar im Angesicht von Zuschauern auf der Bühne, die schließlich demonstrativ, nämlich in dem Moment, in dem die Flammen die Bühne verdecken, durch das Senken des Vorhangs von den Zuschauern vor der Bühne getrennt werden. So lässt sich dieses allerletzte Schlussbild, der Vorgang vor dem Flammenmeer und die Trennung von fiktiver und realer

Zuschauerschaft, als eine besonders bildmächtige Veranschaulichung dieser Aufhebung verstehen.

Die ebenso eigenwillige wie prägende Dialektik von Scheitern und Gelingen ist jedoch bei Wagner erstaunlicherweise gerade keine revolutionäre oder nachrevolutionäre Denkfigur, sondern sie lässt sich, wenn auch in milderer Form, unmittelbar in seine kompositorischen Anfänge im Vormärz zurückverfolgen, namentlich in der Gleichzeitigkeit von *Feen* und *Liebesverbot*. In beiden Fällen, auch dies ungewöhnlich, gibt es keinen Auftragshintergrund, die jeweilige Wahl von Stoff und Genre erfolgte also vollkommen frei. Beide Werke handeln zudem vom Gelingen, aber auf eine ganz gegensätzliche Weise. Im ersten Fall wandte sich der Blick nach Italien, zu einem bekannten Werk Carlo Gozzis, im zweiten nach England, zu einer fast unbeachteten Komödie Shakespeares (*Measure for Measure*), die zudem im Laufe der Bearbeitung in immer weitere Ferne rückte, auch geographisch, da der Schauplatz von Wien nach Palermo verlegt wurde. *Die Feen*, deren Libretto Wagner nicht in seine Schriftenausgabe aufnahm und die, wie Webers *Euryanthe* oder Hoffmanns *Aurora*, den Titel »große romantische Oper« tragen, bieten einen versöhnlichen Weg aus der Krise. König Arindal und die Fee Ada finden zueinander, weil der König in die Unsterblichkeit erhoben wird, womit die gute Herrschaft seiner Schwester Lora und ihres Geliebten Morald über Tramond möglich wird. Die Widersprüche der Gegenwart werden also nicht durch einen Aufstand beseitigt, sondern durch eine Verwandlung im hegelianischen Sinne aufgehoben.

Im *Liebesverbot* geht es dagegen, im schroffen Gegensatz zu Shakespeares Versuch einer ethischen Läuterung affektiver Verwirrungen, um die bedingungslosen Ansprüche des Lebens, mit denen die herrscherlich verordnete Moral als reine Lüge bloßgestellt werden soll. Im Mittelpunkt steht die radikale Aufhebung durch die absolute Negation. Der Karnevalsgesang und der Karnevalsmarsch, mit dem das Werk in einem gravierenden Verstoß gegen alle Bühnenkonventionen endet, bedeuten nichts anderes als eine schrankenlose Revolution, zweifellos geprägt vom Vorbild der Brüsseler Auber-Aufführung. So bekennt der Chor die völlige Entfesselung: »Herbei, herbei, ihr Masken all, / gejubelt sei aus voller Brust; / wir halten dreifach Carneval, / und niemals ende seine Lust!«

Den Auslöser liefert Luzio mit einem Karnevalsgesang, in dem freie Liebe und ungebremste Promiskuität unter Aufhebung sämtlicher Gesetze beschworen wird. Diese ausgerechnet in einem regulären (und sogar selbstständig gedruckten) Strophenlied verkündete Macht des uneingeschränkten Lebens duldet keinerlei normierenden Widerspruch mehr, sie entspricht also der elementaren Wucht des Umsturzes: »Wer sich nicht freut im Carneval, / dem stoßt das Messer in die Brust!«[2]

Der utopische Entwurf eines Musikdramas ist also unweigerlich an diese bereits früh ausgeprägte eigentümliche Spannung gebunden, und diese bestimmt dann in einer geradezu monumentalen Form die große Unterbrechung in der Arbeit am *Ring*. In der Gleichzeitigkeit von *Tristan und Isolde* und *Die Meistersinger von Nürnberg* stehen sich nämlich, nun weitaus radikaler und konziser, der Gedanke des unerfüllten, endgültigen Scheiterns und einer geglückten Republik der Kunst gegenüber, und in dieser Republik begegnet der revolutionäre Aufstand dann lediglich noch als nächtliches, traumhaft-verzerrtes und durch eine strenge Fuge gebändigtes Zerrbild, als »Wahn«, wie Sachs es zu Beginn des dritten Aufzugs benennen wird, beendet zudem durch den einzigen Ordnungshüter, der im Werk überhaupt noch auftritt, den Nachtwächter mit seinem Signalhorn. In beiden Fällen, im *Liebesverbot* wie in den *Meistersingern*, ist jedoch das Gelingen des utopischen Entwurfs an die Gattung der Komödie gebunden.

Die gescheiterten Revolutionen von 1848/49 haben Wagner offenbar ein dialektisches Denken nicht abgenötigt, dieses prägte ihn vielmehr von Beginn an und wurde dann durch die Zeitumstände gewissermaßen politisch auf eine neue und andere Weise kontextualisiert und zugespitzt. Entgegen allen späteren Volten der Bayreuther Familie mit ihrer zunehmend chauvinistischen, nationalistischen und schließlich nationalsozialistischen Inanspruchnahme von Wagners Werk ist der Komponist selbst dabei stets, im Sinne George Bernard Shaws, der linkshegelianische Revolutionär geblieben, angetrieben von dialektisch begründeten, willentlichen Widersprüchen, begleitet anfangs von radikalen, anarchistischen Grundierungen – und dabei stets getragen von einer fundamentalen und kompromisslosen Religionskritik. Diese Mischung schließt durchaus den Antisemitismus ein, der im linkshegelianischen Milieu weit verbreitet war und der bei Wagner in diesem Zusammenhang eine ebenso systematische wie übergreifende Begründung erfuhr.

Vor diesem Hintergrund erstaunt allerdings die Nachdrücklichkeit, mit der Wagner, der zwar im evangelisch-lutherischen Milieu Leipzigs und Dresdens geprägt wurde, sich dann aber entschieden von ihm distanzierte, immer wieder ausgerechnet zu religiösen Themen und Motiven zurückgekehrt ist. Selbst die prägende Begegnung mit Nietzsche hat daran nichts geändert. Es geht dabei vor allem um *Tannhäuser*, *Lohengrin* und *Parsifal*, dazu um das Projekt zu *Jesus von Nazareth* von 1849 und um ein zentrales Vormärz-Werk, nämlich das *Liebesmahl der Apostel* von 1843. Bedenkt man solche Beharrlichkeit, dann ist es zunächst auffällig, dass religiöse Kontexte ausgerechnet in den beiden Komödien des Gelingens entweder ganz abgestreift oder auf eindeutige Weise negiert worden sind. Im *Liebesverbot* verlässt die Novizin Isabella am Schluss freudig und endgültig ihr völlig unfreiwilliges Klosterdasein, um sich inmitten der ausbrechenden Revolution mit ihrem Geliebten Luzio der erotischen Entfesselung hinzugeben. Und die *Meistersinger* beginnen zwar in einer Kirche, aber am Ende eines Gottesdienstes, nicht mit einem echten, sondern einem nur noch fiktiven, imaginierten Choral, in dessen Mittelpunkt zudem nicht Christus, sondern, passend zum bevorstehenden Feiertag, Johannes der Täufer steht. Doch mit dieser willentlich ungenauen Szenerie werden dann alle religiösen Anspielungen buchstäblich aus der Komödie verbannt und getilgt.

Auf der Festwiese erscheint die Stadt Nürnberg mit ihren Kirchtürmen nur noch »im ferneren Hintergrunde«, und König David mit seiner Harfe ziert lediglich die geschwungene Fahne der Meistersinger, er ist also nicht mehr als ein Ornament der Tradition.[3] Selbst der große Chor im letzten Bild des dritten Aufzugs, der doch eigentlich die bürgerliche Feier des Johannistages einleiten soll, ist nicht etwa religiös grundiert, sondern er basiert auf einem Text von Hans Sachs, er ist also Dichtung, vertont in Form eines säkularisierten Chorals.[4] In der Utopie des Gelingenden scheint das Religiöse daher allenfalls noch die Rolle einer vagen Erinnerung einzunehmen, es ist noch der Ausgangs-, nicht aber mehr der Zielpunkt des Dramas, es ist also in vielschichtiger Hinsicht aufgehoben. Der Staat der *Meistersinger*, dies betont Sachs in seiner

Schlussansprache unmissverständlich, ist eine durch und durch säkulare Republik der Kunst, in der nur noch diese allein eine Art von weltlicher Heiligkeit beanspruchen kann: »Drum sag' ich euch: / ehrt eure deutschen Meister, / dann bannt ihr gute Geister! / Und gebt ihr ihrem Wirken Gunst, / zerging' in Dunst / das heil'ge röm'sche Reich, / uns bliebe gleich / die heil'ge deutsche Kunst!«[5]

Sieht man vom Sonderfall des *Rienzi* ab, in dem das Kirchliche allenfalls noch als eine Couleur locale unter den Vorzeichen der Grand opéra gelten kann, sind die Verhältnisse in *Tannhäuser* und *Lohengrin* viel komplizierter, weil das Religiöse für die Handlungen eine bestimmende Position einnimmt. Doch bei näherem Hinsehen tritt auch hier eine Reihe von kalkulierten Widersprüchen hervor. So war Wagner beim *Tannhäuser*, der im 13. Jahrhundert spielt, auf allen Ebenen um einen dezidierten Bezug zum Mittelalter bemüht, von der Sprache über die Kostüme bis zur Szene, ja sogar, besonders paradox, bis zur grafischen Gestalt des Klavierauszugs. Nur dem Musikalischen verweigerte er eine solche Nähe. Es existiert in der Partitur keinerlei Reminiszenz an ein wie auch immer definiertes musikalisches Mittelalter, und dort, wo es um musikalische Vergangenheiten geht, bleibt der Bezug ausdrücklich unscharf, ungenau und opak. So zeigt sich der E-Dur-Beginn der Ouvertüre, der am Schluss des Werkes als Es-Dur-Pilgerchor seinen endgültigen semantischen und strukturellen Sinn erhalten wird, zwar als Choral im lutherischen Sinn, doch habituell bildet dies zum 13. Jahrhundert der Handlung nicht nur einen Konflikt, sondern einen willentlichen Bruch. Und so geht es auch beim finalen Pilgerchor nur am Rande um Gott, sondern vor allem um die Gnade: »Erlösung ward der Welt zu Theil«, was nichts anderes bedeutet als die Inversion des christlichen Erlösungsgedankens, der doch stets dem Einzelnen, nicht aber allen zugleich gilt.[6] Dabei bleibt am Schluss sogar unklar, ob der Frieden der Seligen, der für Tannhäuser daraus folgen, ein Plural oder ein auf Elisabeth bezogener Singular sein soll: »Der Gnade Heil ist dem Büßer beschieden, / er geht nun ein in der Seligen Frieden.«

Getreu der berühmt gewordenen These Feuerbachs, der den Menschen zum Anfang, Mittelpunkt und Ende aller Religion erklärte, geht es im mittelalterlichen *Tannhäuser* eben nicht mehr um Metaphysik, sondern um individuelle Selbstbehauptung – und damit um deren Überwindung. Im Uraufführungsjahr der »romantischen Oper« hat Max Stirner (1806–1856), einer der Begründer des Anarchismus, in *Der Einzige und sein Eigenthum* in einem vergleichbaren Sinn eine Parallele zwischen Antike und Christentum gezogen: »Da es aber dem Christenthum wie dem Altherthum um's *Göttliche* zu thun ist, so kommen sie auf entgegengesetzten Wegen stets wieder darauf hinaus. Am Ende des Heidenthums wird das Göttliche zum *Außerweltlichen*, am Ende des Christenthums zum *Innerweltlichen*. Es ganz außerhalb der Welt zu setzen, gelingt dem Alterthum nicht, und als das Christenthum diese Aufgabe vollbringt, da sehnt sich augenblicklich das Göttliche in die Welt zurück und will die Welt ›erlösen‹.«[7]

Wie eine Präfiguration dieses Gedankens erweist sich die allem Mittelalterlichen entgegenstehende Musik im *Tannhäuser* offenbar als Mittel zur Distanzeinebnung in diesem Sinn. Als Wolfram Tannhäuser fragt, ob er die heraufziehenden Pilger höre, spricht er, fast als allerletzte Worte vor der Bitte an Elisabeth, die irritierende Bestätigung: »Ich höre!« Das Göttliche steht der Welt nicht gegenüber, sondern wird ihr gleichsam inkorporiert, und zwar durch Musik, durch Gesang – und durch das wahrnehmende, das hörende Subjekt. Gerade weil im *Tannhäuser* die Dinge sich jedoch noch willentlich vermischen, bleiben sie so ungenau – was Missverständnisse zulassen kann. Wagner war dies offenbar bewusst. Sein berühmt gewordenes Bekenntnis aus dem letzten Lebensjahr, »er sei der Welt noch den Tannhäuser schuldig«,[8] könnte also durchaus darauf zielen, die Trennung von Inner- und Außerweltlichem, im Sinne Stirners, im Blick auf die Musik noch nicht erreicht zu haben.

Eine solche Verbindung von Bestätigung und Negation prägte auch, nun im unmittelbaren Kontext der Revolution, den *Lohengrin*. Das geradezu Eschatologische, das Wagner dabei beschworen hat, soll sich nicht als Rückwendung, sondern als Überwindung offenbaren. In der *Mittheilung an meine Freunde* ist der Komponist ausdrücklich darauf zu sprechen gekommen: »In Wahrheit ist dieser *Lohengrin* eine durchaus neue Erscheinung für das moderne Bewusstsein; denn sie konnte nur aus der Stimmung und Lebensanschauung eines künstlerischen Menschen hervorgehen, der zu keiner anderen Zeit als der jetzigen, und unter keinen anderen Beziehungen zur Kunst und zum Leben, als wie aus meinen individuellen, eigentümlichen Verhältnissen entstanden, sich gerade bis auf den Punkt entwickelte, wo mir dieser Stoff als nötigende Aufgabe für meine Gestalten erschien. [...] Nur das in seiner sinnlichen Erscheinung vollständig sich darstellende Kunstwerk führt den neuen Stoff aber jenem Gefühlsvermögen mit der notwendigen Eindringlichkeit zu; und nur wer dies Kunstwerk in dieser vollständigen Erscheinung empfangen hat, also nur der nach seinem höchsten Empfängnisvermögen vollkommen befriedigte Gefühlsmensch, vermag auch den neuen Stoff vollkommen zu begreifen.«[9]

Und genau dies prägt die erstaunliche Koppelung von Offenbarung und Negation. In dem Augenblick, in dem Lohengrin sich als Ritter des Grals zu erkennen geben muss, führt dies eben nicht zur Verbindung, sondern zur endgültigen Trennung. Elsa bemerkt diesen Widerspruch sogleich: »Bist du so göttlich, als ich dich erkannt, / sei Gottes Gnade nicht aus dir verbannt.«[10] Es geht also nicht einfach um Erinnerung und Präsenz, sondern offenkundig um Aufhebung und Distanz. Diese Denkfigur hat Wagner unmittelbar nach dem *Lohengrin* auf das Verhältnis zu Antike und Christentum geweitet. Die revolutionäre Gesellschaft und das Kunstwerk der Zukunft, das auf sie verweist, bedarf der Aufhebung der Antike und des Christentums gleichermaßen, wie es am Ende von *Kunst und Revolution* hervorgehoben wird, in einer auffallend konjunktivischen und zudem Stirners Parallelisierung aufgreifenden, aber sie absichtsvoll verkehrenden Formulierung: »So würde uns denn *Jesus* gezeigt haben, daß wir Menschen alle gleich und Brüder sind; *Apollon* aber würde diesem großen Bruderbunde das Siegel der Stärke und Schönheit aufgedrückt, er würde den Menschen vom Zweifel an seinem Werthe zum Bewußtsein seiner höchsten göttlichen Macht geführt haben. So laßt uns denn den Altar der Zukunft, im Leben wie in der lebendigen Kunst, den zwei erhabensten Lehrern der Menschheit errichten: – *Jesus, der für die Menschheit litt, und Apollon, der sie zu ihrer freuden vollen Würde erhob!*«[11]

Richard Wagner war mit dieser Parallelisierung keineswegs allein. Der württembergische Revolutionär Adolph Weisser (1815–1863) veröffentlichte 1841 *Hinterlassene Papiere eines geistlichen Selbstmörders*, in denen eine ähnliche Apologie, ebenfalls in inverser Chronologie, begegnet: »Kann und darf denn christliche Heiligkeit sich nicht mit der griechischen Schönheit vermählen, die in den alten Göttern ist? Ist es Sünde, wenn ich's sage? – Ach, Jerusalem und Athen, Maria und Urania, Jesus und Apoll, steiget in göttlichen Umarmungen in das *neue* Land hernieder! Kommet, eilet, unsere Herzen sind bereit.«[12] Bedenkt man diesen Kontext, der auch die Überlegungen zum *Jesus von Nazareth* geprägt hat, so erscheint die ostentative Rückkehr zum Religiösen im *Parsifal* allerdings um so erstaunlicher. Und diese Rückkehr hat die Interpreten stets auf eine ganz besondere Weise herausgefordert. Die Wendung in die Kunstreligion, welche die Rezeption und dann auch die Interpretationsgeschichte bestimmt hat, erweist sich dabei vielleicht doch als zu leichtfertig.

Parsifal sollte das eigene Schaffen vorsätzlich beenden, als Abschluss des Bestehenden und als Ahnung eines Kommenden zugleich. Er setzt daher nicht nur *Meistersinger* und *Tristan* voraus, sondern auch den Abschluss des *Ring*, nicht zuletzt deswegen, weil die ersten konkreten Arbeiten in die Zeiten der *Ring*-Krise und des *Tristan* zurückreichen. Das Religiöse, das den *Parsifal* so demonstrativ durchzieht, trägt damit aber jene Spuren von Erinnerung, die als zentrales Motiv bereits den *Ring* und seine kompositorische Syntax bestimmen. Erinnerung ist bei Wagner eine zentrale Technik im Prozess von »Aufhebung«, ahnungsweise in *Tannhäuser* und *Lohengrin*, in kalkulierter Deutlichkeit dann im *Ring*. Ihre ambivalente Vielgestaltigkeit ist für ihn ein singuläres Privileg der Musik – und damit ein zentraler Begründungszusammenhang für das Musikdrama insgesamt, aber auch für seine technischen Details. Nur sie ermöglicht es nämlich, wie Wotan, der Gott, am Ende des *Rheingold* bei seinem »großen Gedanken« erleben muss, sich an Dinge erinnern zu können, die nicht in der Vergangenheit, sondern noch in der Zukunft liegen. Über den gesamten ersten Aufzug der *Walküre* wird dieses kurze dreiklangsbestimmte C-Dur-Motiv, das im *Rheingold* wie ein Fremdkörper, abgesetzt durch Tonart- und Taktwechsel, in die Partitur regelrecht montiert wird, immer weiter an jenen Gegenstand angenähert, auf den es sich bezieht, eben das Schwert. Und auch dessen Erscheinen wird durch ein komplexes Geflecht von Ahnungen und Erinnerungen vorbereitet.

Erinnerung als Muster bestimmt einerseits die Handlung des »Bühnenweihfestspiels«, bis hin zu Gurnemanz' Verweis auf Parsifals erst noch zu vollbringende Tat im dritten Aufzug: »Mir ahnt, ein hohes Werk / hat er noch heut' zu wirken«.[13] Andererseits werden dabei zentrale Figurationen des Wagner'schen dramatischen Denkens insgesamt heraufbeschworen, die im *Parsifal* nochmals zusammenfinden sollen. Trotz aller Absetzungsversuche kehrte der Komponist absichtsvoll zum christlichen Mittelalter zurück, zu einer Epoche, deren Musik, wie schon im *Tannhäuser* und im *Lohengrin*, nie als Konkretion, sondern lediglich als diffuse Erinnerung gegenwärtig werden konnte. Die Suche nach dem Gral bringt daher nicht primär eine religiöse Wendung mit sich, sondern die neuerliche Ausstellung der Motive von Schuld und Erlösung. Diese werden aber, erstmals auf diese Weise und anders als im *Tannhäuser*, ganz eindeutig von der Künstlerfigur getrennt, dafür aber sehr direkt auf eine erotisch-sexuelle Komponente reduziert. Doch wird damit die angestrebte Erlösung regelrecht ziellos. Der Schluss, in dem Erlösung für den Erlöser erfleht wird, ist deswegen nicht einfach paradox und enigmatisch, er stellt das Enigmatische ebenso demonstrativ aus wie zuvor die Motive von Schuld und Erlösung. Die Weitergabe des Amtes vom schuldigen Amfortas an den eigentlich schuldlosen, allerdings durch Mitleid wissenden Parsifal führt zwar zur Enthüllung des Grals, aber in einer seltsamen Rücknahme, weil der Erlöser in diesem Moment selbst erlösungsbedürftig wird – in einer Volte also, in der die christliche Vorstellung von Erlösung und Gnade geradezu auf den Kopf gestellt wird.

In einem anonymen Beitrag für die *Bayreuther Blätter* von 1878, verfasst vielleicht von Heinrich Porges, wird der Begriff des »Bühnenweihfestspiels« ausführlich erläutert, zu einem Zeitpunkt, da lediglich der Text des Werkes abgeschlossen und auch im Druck verfügbar war.[14] Zum einen verweist der Autor auf den älteren Begriff der Bühnenweihe, und in diesem Sinn sei schon der *Ring* ein Festspiel für die Bühnenweihe, also die Eröffnung des Theaters. Zum anderen erläutert er die Bedeutung des religiösen Gegenstands, denn dieser stellt sich in der Gegenwart einzig als Mythos dar: »Ein Stoff, wie der – ihn kurz zu bezeichnen – *christliche Mythos*, verlangt ohne Weiteres die Form eines wahrhaftigen *Bühnenweihfestspieles*, verlangt eine Szene, welche dem übelen profanen Leben des modernen ›Hof- und Stadttheaters‹ so ferne steht, wie – der modernen Welt der Geist Christi selber«.[15] Und so wird das neue Genre als eines von Erinnerung und Aufhebung gleichermaßen beschrieben: »So wird denn hiermit auch wirklich erst der Zwiespalt überwunden, in welchem Kunst und Religion dort gerathen waren, wo – wie also in England – der beschränkte Realismus der Einen, der rein stofflich aufgefassten Religion, der der Andern, des unkünstlerisch aufgefassten Theaters, feindlich gegenüberstand.«[16] In diesem Kontext wird ausdrücklich der Begriff der Erinnerung bemüht.

So ist das Bühnenweihfestspiel nicht nur selbst eine Erinnerung, es ist durchzogen mit einer ganzen Reihe eigenartiger musikalischer Rückwendungen. Die stärker kantablen Momente in *Tristan* und *Meistersinger*, die auch nicht folgenlos für die *Götterdämmerung* geblieben sind, treten auf eine merkliche Weise wieder in den Hintergrund. Die Orientierung am Sprachrhythmus, als »dichterisch-musikalische Periode« ein Kernpunkt in der Konzeption des Musikdramas, tritt wieder deutlicher hervor, sie wird also in einer eigenartigen Form erinnert. Damit verbunden ist eine vorwiegend deklamatorische und dialogische Struktur, auch und gerade in den ausgedehnten Szenen expliziter Erinnerung. Dabei werden einerseits wirkliche Ensembles vermieden, andererseits gerät die große Chorszene, in den *Meistersingern* zentral, aber auch, auf eine komplizierte Weise gebrochener Vergegenwärtigung, in der *Götterdämmerung*, geradezu dominierend in den Vordergrund, und zwar allein als Männerchor. Es ist dies ein auf den ersten Blick irritierender Rückgriff auf das *Liebesmahl der Apostel* von 1843, wo der große Chor sogar, inszeniert als Orchestereinsatz nach einem langen A-cappella-Teil, spektakulär in den Vordergrund gestellt wird. Auch dies ist im *Parsifal* eine komplizierte Erinnerung auf mehreren Ebenen.

Der Verzicht auf weibliche Rollen, die für Wagners Werke seit den *Feen* eine so zentrale Rolle spielten, mag den vordergründigen Eindruck von Religiosität verstärken. Die einzige Ausnahme, die rätselhafte Figur der Kundry, die im dritten Aufzug jedoch gänzlich verstummt, ist allerdings in diesem Zusammenhang bemerkenswert wegen ihrer im Œuvre des Komponisten beispiellosen musikalischen Physiognomie. Die abgerissenen, kurzen Phrasen, die abrupten Lagenwechsel und die sperrigen Intervallsprünge lassen diese Musik wie eine Erinnerung in eine doppelte Richtung erscheinen, bezogen auf Musik vor und nach aller Musik.

Solche Befunde sind verwirrend in einem Bühnenwerk, in dem doch das Religiöse so deutlich im Vordergrund zu stehen scheint. Dazu zählt auch die Ausdifferenzierung von zwei harmonischen »Sphären«, einer diatonischen der Gralsritter und einer chromatischen bei Klingsor und seiner Welt. Diese auf den ersten Blick verblüffend simple Scheidung führt jedoch gerade nicht zu einer Trennung, sondern zu einer vielschichtigen, neuen und komplizierten Misch- und Registertechnik, schon zu Beginn des Vorspiels. Erst ganz am Ende erfolgt eine wirkliche Scheidung, die dann aber in einem verwirrenden Spannungsverhältnis zur textlichen Ambivalenz eines erlösungsbedürftigen Erlösers steht. Die musikalische Klärung wird damit auf der Szene wieder infrage gestellt.

Diese Technik des Mischens, des Unscharfen wird schon im Vorspiel zum Gegenstand des Komponierens selbst gemacht. Das Thema erklingt zwar einstimmig, es wird aber tiefen Holzbläsern, Violinen und Celli zugeordnet, in einer betont »ungenauen« Färbung. Entscheidend ist die damit verbundene irritierende metrische und harmonische Unschärfe, mit dem Beginn auf der zweiten Zählzeit, eigenwilligen Synkopen und einer seltsamen Ambivalenz zwischen As-Dur und c-Moll. Die Syntax, die hier entsteht, soll nicht mehr organisch sein, sie geht aus der kontrastiven Reihung von Partikeln hervor: das Gralsmotiv, das Glaubensmotiv (das »Dresdner Amen«, das Johann Gottlieb Naumann für die Dresdner Hofkirche komponierte), der Bläserchoral, alles durch Generalpausen, Doppelstriche und Taktwechsel getrennt. Erstmals findet sich damit bei Wagner eine musikalische Syntax, die deutlich wahrnehmbar additiv, also montiert ist – und damit der harmonischen und thematischen Progression bewusst entzogen wird. Ein solche Technik begegnete zuvor nur in Ausnahmefällen, wie eben beim »großen Gedanken« Wotans am Schluss des *Rheingold*.

Die Neujustierung der Parameter von Farbe und Klang hat demnach bedeutende Auswirkungen auf die musikalische Syntax, die vor allem dann auf eine an das »Organische« wenigstens erinnernde Weise in Bewegung gerät, wenn sie an optische Pendants gebunden ist, wie in den Verwandlungsmusiken. Diese ereignen sich, anders als etwa im *Rheingold*, ausdrücklich bei geöffnetem Vorhang, so schon im ersten Aufzug: »Allmählich, während Gurnemanz und Parsifal zu schreiten scheinen, verwandelt sich die Bühne, von links nach rechts hin, in unmerklicher Weise: es verschwindet so der Wald; in Felsenwänden öffnet sich ein Thor, welches nun die beiden einschließt; dann wieder werden sie in aufsteigenden Gängen sichtbar, welche sie zu durchschreiten scheinen. – Lang gehaltene Posaunentöne schwellen sanft an: näher kommendes Glockengeläute. – Endlich sind sie in einem mächtigen Saale angekommen, welcher nach oben in eine hochgewölbte Kuppel, durch die einzig das Licht hereindringt, sich verliert. – Von der Höhe über der Kuppel her vernimmt man wachsendes Geläute.«[17] Der »Schein« des Schreitens ist folglich keine Beiläufigkeit, denn damit erweist sich die Bewegung nicht mehr als Sachverhalt, sondern lediglich noch als Ahnung oder als Erinnerung.

Selbst diese Musik wird wiederum durch Generalpause, Doppelstrich und Vorzeichenwechsel abgesetzt, die musikalische »Verwandlung« ist äußerlich zudem ziemlich banal, weil sie lediglich von A-Dur nach C-Dur führt. Das einzige neue Motiv, das hinzutritt, ist das der Glocken, das in der Szenenanweisung auch erwähnt wird. Ansonsten beruht diese Musik nur auf bekanntem Material, sie entfaltet aber weder eine Architektur noch eine Form, auch keinen wirklichen Prozess, sondern ist im Grunde lediglich ein großes Crescendo und Decrescendo. Vor dem Verstummen von Parsifal und Gurnemanz kommt es zuvor zum berühmt gewordenen Dialog: »Ich schreite kaum, – / doch wähn' ich mich schon weit. / Du sieh'st, mein Sohn, / zum Raum wird hier die Zeit.« Es ist vielleicht zu wenig beachtet worden, dass diese Feststellung vor allem eine musikalische Wirklichkeit betrifft. Ein zentraler Parameter aller Musik, der zielgerichtete zeitliche Verlauf, wird damit infrage gestellt, und dies wird im Zwischenspiel zum Gegenstand des Komponierens. Die Zeit wird dabei selbst zu einer Art von Erinnerung an Linie (*Meistersinger*) und Raum (*Tristan*), sie wird aufgehoben, und dies spiegelt sich im ungenauen Erfahrungsraum, den die musikalischen Motive in dieser Verwandlungsmusik entfalten.

Selbstverständlich ist auch für die religiöse Dimension des *Parsifal* der Schopenhauer-Bezug zentral. Die schuldbeladene, von Schlechtigkeit geprägte Welt kennt nur Akteure, die vom unbedingten Lebenswillen geprägt werden, sichtbar im »Verspielen« des Speers einzig durch die sexuelle

Lust des Amfortas. Gegen diese Schlechtigkeit ist eine »Erlösung« notwendig, die sich als Verweigerung bestimmen lässt – und als Handlung nicht aus primären Wissen, sondern aus Mitleid, aus dem mittelbaren Wissen erwächst. Das Hauptmotiv dieses Handelns bilden eben, wie in der Verführungsszene erkennbar wird, allein Ahnung und Erinnerung, und zwar an die Leiden des Erlösers. Doch es ist diese Ahnung, welche die Gegenwart – von Klingsor mit dem Satz »Die Zeit ist da« markiert – infrage stellt. Damit allerdings werden die christlichen Anspielungen, nun ganz gegen Schopenhauer, selbst zu einer Erinnerung. Am Ende existiert ja kein Jenseits mehr, sondern einzig die Erinnerung an das Leiden Christi als mitleidvolle Tat.

Das alles hat bedeutende Konsequenzen für das Musikalische selbst. Das Konzept der »Handlung«, das schon für den *Tristan* bestimmend war, wird nun nochmals zugespitzt. In der musikalischen Syntax wird endgültig der für das 19. Jahrhundert so zentrale Parameter der »Entwicklung« aufgekündigt. Musik entfaltet sich nicht mehr nur, wie in der dichterisch-musikalischen Periode, in Abhängigkeit vom Text und von seiner Zeitlichkeit, sondern nun zugleich abhängig vom Bild und seinem Raum, also einer Anschauungsform, die ihr eigentlich fremd ist. Die Dreiaktigkeit des Dramas steigt damit endgültig auch zu einem Muster der musikalischen Formbildung auf, die in einem unmittelbaren Zusammenhang mit der Szenographie steht. Ludwig Feuerbach hat bereits 1843, in seinem *Wesen des Christenthums*, den Zusammenhang zwischen Musik und Religion in einem ähnlichen Sinn definiert. Es sei zu bemerken, dass in der Religion »die Kraft des Tugendexempels nicht sowohl die Macht der Tugend, als vielmehr die *Macht des Beispiels* überhaupt ist, gleichwie die Macht der religiösen Musik nicht die Macht der Religion, sondern die Macht der Musik ist.«[18] Der *Parsifal* kann vor diesem Hintergrund auch als Versuch erscheinen, über die Macht des tugendhaften Beispiels zur Macht der Musik zurückzukehren, in einer ungenauen, unscharfen Durchdringung von räumlichen und zeitlichen Parametern.

In seinen späten vier Schriften, den sogenannten »Regenerationsschriften«, mit dem Ausgangspunkt in *Religion und Kunst* von 1881, ist Wagner nochmals auf diese Begründungszusammenhänge zurückgekommen, wobei Antisemitismus, also der Vorwurf einer fehlenden christlichen

Erinnerung, und radikaler Vegetarismus, also kreatürliches Mitleiden, am Ende zwar gewichtige, aber doch nur äußerliche Merkmale bleiben. Es geht in den Texten vielmehr um das Verhältnis von Musik zur Religion, zu dessen Bestimmung Wagner ausdrücklich auf den hegelianischen Begriff der Aufhebung zurückkommt. Schon zu Beginn von *Religion und Kunst* erwähnt er die »Beurtheilung des Wunderglaubens«, verbunden mit der absichtlich paradoxen Feststellung, dass ein Wunder jene Gesetze aufhebt, die der Mensch sich selbst durch seinen freien Willen erst geschaffen hat: »Das grösste Wunder ist für den natürlichen Menschen jedenfalls diese Umkehr des Willens, in welcher die Aufhebung der Gesetze der Natur selbst enthalten ist.«[19] Und so definiert Wagner dann auch die für den *Parsifal* zentrale Figur des Mitleids. Es sei nämlich dieses Mitleid, »welches dann als Aufhebung des Willen's die Negation einer Negation ausdrückt, die wir dann nach den Regeln der Logik als Affirmation verstehen«.[20] Einzig die Musik sei aber in der Lage, aus einem solchermaßen verstandenen Wunder tatsächlich eine wahrnehmbare, eine im Sinne Tannhäusers hörbare Wirklichkeit zu machen: »Die Musik aber sagt uns: *das ist*, weil sie jeden Zwiespalt zwischen Begriff und Empfindung aufhebt, und diess zwar durch die der Erscheinungswelt gänzlich abgewendete, dagegen unser Gemüth wie durch Gnade einnehmende, mit nichts Realem vergleichliche, Tongestalt.«[21]

Akzeptiert man diesen Kontext, so steht auch der *Parsifal* in der linkshegelianischen Tradition von Wagners Entwurf eines revolutionären und postrevolutionären Musikdramas. Es soll die Erinnerung an das Vergangene in sich aufheben und die Ahnung des Kommenden ermöglichen. Anders als in *Tristan* oder *Meistersinger* geht es aber nicht mehr um das Scheitern oder das Gelingen, sondern es geht in einem elementaren Sinne um den Musikbegriff selbst. Was in Tannhäusers Hören noch Ahnung bleiben muss, wird hier zur Gewissheit, dass nämlich die Musik – und allein die Musik – in der nachrevolutionären Gesellschaft in der Lage dazu sei, Wirklichkeit zu stiften, eine ungenaue, unscharfe, additive, opake Wirklichkeit jenseits des Realen, aber im Vorgriff auf etwas Kommendes. Die Erinnerung an die Religion dient dazu, wie es Feuerbach bereits betonte, dieser unvergleichlichen Macht der Musik eine neue Geltung zu verschaffen. Die Bedeutung dieser Geltungsmacht bleibt allerdings so ungewiss, wie es das Ende des *Parsifal* sein muss. Zwar trennt der letzte Vorhang dort nicht mehr wie in der *Götterdämmerung* Zuschauer auf und vor der Bühne, aber er beendet doch einen Gesang, der nur noch anteilig von sichtbaren Akteuren stammt. Ein wichtiger Bestandteil sind nämlich die »unsichtbaren« Stimmen aus der Höhe, die, wie die herabschwebende Taube, nicht etwa eine Wirklichkeit, sondern lediglich noch eine Erinnerung bezeichnen.

In der letztlich verheerenden Bayreuther Rezeptionsgeschichte ist aus diesen gravierenden Unwägbarkeiten und Unsicherheiten viel zu schnell und viel zu einfach ein Moment der Gewissheit, der vordergründigen Kunstreligion geworden, in der das Religiöse selbst im Grunde als anachronistisches Relikt galt. Es war keineswegs zufällig Adolf Hitler, der sich einen *Parsifal* mit ganz abgeschwächten religiösen Symbolen wünschte und dies auch an seine Schützlinge Wieland und Wolfgang Wagner weitergab.[22] Diese Reduktion auf das Kunstreligiöse, das auch ohne Religiöses auszukommen vermag, geht aber offenbar, nicht nur in Hitlers absurdem Missbrauch, an der Sache vorbei. Der Komponist wollte in seinem utopischen Entwurf einer hegelianischen Aufhebung das Musikdrama zu einem Medium von Erinnerung, also von Bewahrung, und von Negation, also von Überwindung bestimmen – mit der Musik im Mittelpunkt, der einzigen Darstellungsform, in der diese Aufhebung plausible Gestalt anzunehmen vermag. Die Überwindung von Jesus und Apollon, von Christentum und Antike, scheint ihn dabei bis zu allerletzt bewegt zu haben. Während der *Ring* auf ein Musikdrama im Sinne einer gesellschaftlichen Utopie setzt, als Erinnerung und Ahnung zugleich, scheinen *Tristan* und *Meistersinger* die Gefährdungen und Potenziale eines solchen Verfahrens auszuloten, nicht zuletzt auch deswegen, weil sich auf der Festwiese, in Walthers Preislied, Parnass und Paradies neuerlich vereinen, also aufgehoben werden: »Huldreichster Tag, / dem ich aus Dichters Traum erwacht! / Das ich geträumt, das Paradies, / in himmlisch neu verklärter Pracht / hell vor mir lag, / dahin der Quell lachend mich wies: / die, dort geboren, / mein Herz erkoren, / der Erde lieblichstes Bild, / zur Muse mir geweiht, / so heilig hehr als mild, / ward kühn von mir gefreit, / am lichten Tag der Sonnen / durch Sanges Sieg gewonnen / Parnaß und Paradies!«[23] Nimmt man dies ernst, dann ist der

Parsifal, nach Karol Berger eine »Ethik nach *Tristan*«,[24] eine finale Aufhebung alles Christlichen, in einer Erinnerung und Ahnung, die letztlich seltsam konturlos bleiben soll und muss. Die »Glorienbeleuchtung«, die der Gral am Ende über alle verströmt, wird gedämpft durch einen Bühnenvorhang, der das Geschehen als Erinnerung und Ahnung zugleich erscheinen lässt. Der Begriff vom »Bühnenweihfestspiel« wird auch in dieser Hinsicht schillernd und mehrdeutig, denn er bleibt sogar dann erhalten, wenn die Bühnenweihe längst erfolgt ist, er wird bei jeder neuerlichen Aufführung zur bloßen Erinnerung. Und damit bezeichnet er nicht etwa eine Rückkehr, sondern eine skeptische Vorausschau, nämlich auf ein Musikdrama ganz jenseits aller Religion.

VIII »Als Dimension und Zumutung unzeitgemäß«

Thomas Mann, Richard Wagner und das Exil

Am Heiligen Abend 1936 notierte Thomas Mann in seinem Küsnachter Haus in sein Tagebuch: »Nachmittags las ich, nach dem Thee in der verstellten Weihnachtshalle, Reisiger aus der Klassischen Walpurgisnacht vor. Dann musizierten die Jüngsten etwas, und man ging zu den Weihnachtsliedern im dunkeln Zimmer über. Die Bescherung, ohne Moni, die sich in nervöser Depression zurückhielt und von K. und mir nicht überredet werden konnte, herunterzukommen, reich und freudig, von K. mit dem liebevollsten Fleiße betreut. Ich habe an meinen schönen Dingen, wie die anderen an den ihren, große Freude: der Kommode mit großem Spiegel, der Stutzuhr, den Walküre-Platten etc.«[1] Von diesen *Walküre*-Platten ist am ersten Weihnachtstag erneut die Rede: »Nach dem Thee Briefe diktiert und Karten geschrieben, auf die Reise bezüglich. Abends Vorführung des 1. Akts ›Walküre‹. Bewundernswerte Ökonomie, knapp, innig. Dabei die schauerlich deutschen Elemente, die auch noch in der ›heiligen Not‹ von heute lebendig.«[2]

Es ist zu vermuten, dass es sich bei dieser Aufnahme um die hochdramatische, schon im furiosen Tempo des Vorspiels geradezu aufgepeitschte Einspielung von Bruno Walter handelt, 1935 in Wien entstanden, mit Lotte Lehmann, Lauritz Melchior und Emanuel List. Bruno Walter war übrigens während dieser Zeit mehrfach bei den Manns in Küsnacht zu Gast. So heißt es am 15. Februar 1936, also ein Dreivierteljahr vor dem Weihnachtsabend, im Tagebuch: »Trübes Wetter. Im Roman weiter. Allein über Itschnach spaziert. [...]. Nachmittags an den Dozenten Staiger. Zum Abendessen Bruno Walter und Frau. Die Kinder spielten Mozart vor. Angeregte und freundschaftliche Unterhaltung. Der Plan unserer Übersiedlung nach Wien wieder vielseitig erwogen. W. will durch Werfel bei Schuschnigg vorfühlen lassen.«[3]

Das Beziehungsgeflecht der abendlichen *Walküre*-Aufführung in der Küsnachter Schiedhaldenstraße ist jedoch, unabhängig von der persönlichen Nähe zum Dirigenten, dicht, und der knappe Hinweis auf die »schauerlich deutschen Elemente« deutet an, dass Mann sich dessen mehr als nur beiläufig bewusst war. Denn der äußere Anlass seines Exils war auf die direkteste Weise mit Richard Wagner verknüpft. Am 10. Februar 1933, wenige Tage nach der nationalsozialistischen Machtübernahme, hielt der Dichter in München anlässlich des unmittelbar bevorstehenden 50. Todestages des Komponisten am repräsentativen Ort, im Auditorium maximum der Universität, seinen berühmt gewordenen Vortrag über *Leiden und Größe Richard Wagners*, erweitert gedruckt kurze Zeit später im 44. Heft der *Neuen Rundschau*.[4] Zwei Monate später, in der Wochenendausgabe der *Münchner Neuesten Nachrichten* vom 16./17. April desselben Jahres, erschien der *Protest der Richard-Wagner-Stadt München* gegen den »ästhetisierenden Snobismus«, der »mit so überheblicher Geschwollenheit in Richard-Wagner-Gedenkreden von Herrn Thomas Mann« anzutreffen sei.[5] Zu den Unterzeichnern gehörten bekanntermaßen der bayerische Generalintendant Clemens von Franckenstein, der Akademiepräsident Siegmund von Hausegger, der Staatsoperndirektor Hans Knappertsbusch, der Generalmusikdirektor Hans Pfitzner und der frühere Berliner Generalmusikdirektor und Wiener Staatsoperndirektor Richard Strauss. Thomas Mann, ohnehin sich mit dem Exilgedanken tragend, befand sich zu diesem Zeitpunkt auf einer Reise nach Antwerpen, Brüssel und Paris, wo er den Vortrag jeweils wiederholt hat. Der Artikel musste in dieser Form unter den neuen politischen Verhältnissen als schlechterdings lebensgefährlich erscheinen, und so kehrte Mann endgültig nicht nach Deutschland zurück. Stein des Anstoßes war die Einbettung Wagners in eine Doppelung aus Mythologie und Psychologie, die ihn, so Mann, mit dem Fin de Siècle verband und zugleich als Erscheinung des bürgerlichen 19. Jahrhunderts kennzeichnete. Im Kontext nationalchauvinistischer Vereinnahmung musste dies ebenso provozierend erscheinen wie im auf Nietzsche fußenden Konstrukt einer kulturellen Verfallsgeschichte.

So ist es am Ende nicht erstaunlich, dass auch die deutschsprachige Presse im Ausland sich nach dem Frontalangriff auf Mann, wohl auch in völliger Verkennung der politischen Folgen, abwartend verhielt, vielleicht nicht zuletzt, weil das Befremden über diese Wagner-Deutung größer war, als es ihr Urheber selbst vermutet hat. Auch die *Neue Zürcher Zeitung* blieb gespalten, da dort überdies die neue Situation in Deutschland insgesamt nicht ausschließlich auf Ablehnung stieß. Der junge Willi Schuh (1900–1986) hingegen, seit 1928 Musikkritiker des Blattes, hatte sich wenige Tage später und unter Berufung auf das liberale Redaktionsstatut von 1903 gegen alle Vorbehalte durchgesetzt. Am 21. April erschien, wenn auch mit einer leicht distanzierenden Einleitung der Chefredaktion versehen, eine sechsspaltige grundlegende Parteinahme für Mann mit einer harschen Kritik an den Münchner Unterzeichnern.[6] Damit war dem Exil in der Schweiz der Weg geebnet, und Mann hat Schuh diesen Einsatz nie vergessen.

Die weihnachtliche Wagner-Aufführung in Küsnacht blieb daher nicht allein der Faszination für das Werk geschuldet. Sie war getragen von der autobiographischen Einsicht einer sich wiederholenden Exilsituation in Zürich, die, so schien es Mann, eine ahnungs- und bedeutungsvolle Verbindung zwischen ihm und dem Komponisten stiften musste. Jedenfalls hat ihn genau diese Anmutung zunehmend beschäftigt, dass sich nämlich die keineswegs widerspruchsfreie, aber trotzdem über alle Maßen bestimmende innere Nähe in der Analogie der äußeren Lebensverhältnisse abzubilden schien. Am 16. November 1937 hielt Mann in der Aula der Zürcher Universität einen neuerlichen großen Wagner-Vortrag, nun über den *Ring des Nibelungen* anlässlich der Neuinszenierung des Gesamtwerkes im Zürcher Stadttheater (unter der Leitung von Robert F. Denzler und in der Inszenierung von Karl Schmid-Bloß und Hans Zimmermann). Dieser Produktion haftete durchaus der Charakter einer kunstpolitischen Demonstration an, der braunen Vereinnahmung Wagners entschieden entgegentretend – ganz ähnlich, wie es kurze Zeit später Toscanini in Wagners Tribschen wiederholen sollte. Thomas Mann war mit der Zürcher Aufführung zwar nicht zufrieden, gleichwohl auf die denkbar tiefste Weise von ihr beeindruckt. Im Tagebuch notierte er: »Nach der Ruhe rasiert und Smoking-Toilette. Nach dem Thee einige

Geschäfte erledigt; ½ 7 mit K. und Golo in die Oper zur ›Walküre‹. Dieselbe Loge wie gestern. Vorher u. in den Pausen mit Beidlers. Bequemer Genuß in der Loge. Keine große Aufführung, große Eindrücke dessen ungeachtet. Zu Tränen bewegt von Wotan und Brünnhild. Riesenhafte Schlußszene. Das ganze in diese Zeit nicht mehr passend. Durch und durch 19tes Jahrhundert. Die Oper selbst geht darüber hinweg – zurück zur Oper, vom Ernst zum Spiel. Als Dimension und Zumutung unzeitgemäß. Aber ich bin darin zu Hause. – Kaffee in der 1. Pause. Nachtessen mit den Kindern. 1 Uhr.«[7]

In dieser Haltung war auch die entscheidende Distanz zu Wilhelm Furtwängler begründet. So schrieb er im Mai 1936, also zu derselben Zeit, als er mit Bruno Walter ein mögliches Exil in Wien erwog, über die Zürcher Begegnung: »Furtwängler, gemieden.«[8] Und wenige Tage später führte eine von Furtwängler geleitete *Tristan*-Aufführung in Zürich zur erschütternden Konsequenz des Verzichts: »Die Kinder im ›Tristan‹ unter Furtwängler, kehrten, von K. geholt, begeistert zurück. Ich hörte ›Don Giovanni‹ aus Basel.«[9] Und dennoch blieb das »Bedauern, mich mit Furtwängler neulich nicht weiter über W[agner] unterhalten zu haben«.[10]

Grund für dieses gespannte Verhältnis zu Furtwängler war jene Exil-Erfahrung, die ihn wohl mit Wagner, nicht aber mit dem Dirigenten verband und die, ganz im Gegensatz zu 1933, ein zentraler Gegenstand der Wagner-Rede von 1937 ist. Diese Hervorhebung bedeutete zugleich eine vorsichtige Zurücknahme der viereinhalb Jahre früher ins Zentrum gerückten Thesen. Zwar blieb nach wie vor Wagners sogmächtige und doch so wahrheitswidrige Selbstbezichtigung des Dilettantismus ein Kernpunkt, doch rückte angesichts der politischen Bedrohung und der Duplizität des Zürcher Exils der zuvor bestimmende, vom Fin de Siècle hergeleitete Dekadenz-Gedanke in den Hintergrund. Im Angesicht des Exilanten Wagner sah sich Mann zu einer deutlichen Korrektur an der selbsternannten »Richard Wagner-Stadt München« mit ihrer denunziatorischen Anmaßung veranlasst, schon äußerlich sichtbar am Umstand, dass sich der Komponist nicht einmal zwei Jahre in der bayerischen Residenzstadt aufgehalten hatte. So rückten für Mann die existenzielle Erfahrung des Zürcher Exils und die mit ihr verbundene Unbehaustheit in den Mittelpunkt: »Diesen außerordentlichen Menschen so lange umhegt und bei sich zu Gast gehabt zu haben, muß der Schweiz höchst denkwürdig sein, und eine Gesamtaufführung des ›Nibelungenringes‹, wie jetzt das Stadttheater von Zürich sie zu bieten vorhat, ist ein lebendiger Anlaß, der Beziehungen des Werkes zu dieser Stadt zu gedenken, Beziehungen, wie ihrer keine andere sich rühmen kann. Wenn das Zufall ist, so ist es ein sinnreicher und beifallswürdiger Zufall. Ja, es ist recht und schicklich, daß dies kühne Werk deutschen Geistes, das sich die Welt erobern sollte, in der freien und zuträglichen Atmosphäre dieser Stadt entstand, einer Weltstadt, nicht dem Format, aber der Situation und Aufgabe nach, die allem europäisch-avantgardehaften Wagen immer freundlich war und hoffentlich bleiben wird. Hier hat Wagner gelebt in den fünfziger Jahren des vorigen Jahrhunderts, die die Ausgestaltung der Dichtung und einen großen Teil der musikalischen Ausführung sahen; hier, im ›Unteren Saal des Dependance-Gebäudes des Hôtel de Baur‹, hat an vier aufeinanderfolgenden Abenden, vom 16. bis 19. Februar 1853 die erste Vorlesung der Dramen vor geladenem Publikum stattgefunden; von hier sind eine Menge Briefe datiert, die vom Fortschreiten des Werkes, den Stockungen darin, den begeisterten Mühen damit Kunde geben, sanguinisch-programmatische Nachrichten wie diese vom März 1854 an die Nichte Clara Brockhaus: ›Das ›Rheingold‹ ist seit November fertig geworden: nur instrumentiere ich noch dran. Im Sommer componiere ich die ›Walküre‹; Frühjahr nächsten geht's an den ›jungen Siegfried‹, so daß ich im Sommer übernächsten Jahres auch mit ›Siegfrieds Tod‹ fertig geworden zu sein denke ...‹ Das war ein Irrtum. Wo und wann die ›Götterdämmerung‹ vollendet wurde, meldet erst die Gedenktafel am Hause von Triebschen.«[11]

Es war übrigens jenes Tribschen, das Mann schon im Juli 1936 besucht hatte, wenngleich die Türen am späten Nachmittag bereits geschlossen waren. Im Tagebuch wird die damit heraufbeschworene Erfahrung am »herrlich gelegenen Wagner-Haus« festgehalten: »Des Längern vor der Haus-Inschrift, die die Vollendung von ›Meistersinger‹, ›Siegfried‹, ›Götterdämmerung‹ (?), Siegfried-Idyll, Kaisermarsch, ›Beethoven‹ an diesem Orte anzeigt. Bewegung. Wir fuhren über Küssnacht und Affoltern zurück und trafen ½9 zum verspäteten Abendessen ein, das auf der Terrasse genommen wurde. Danach Götterdämmerungsplatten. Kontakt und belebte Sympathie. – Auf der Fahrt fragte ich K., ob sie meine, daß auch am Hause Schiedhaldenstraße später eine Inschrift die Vollendung des ›Joseph‹, des Freud-Aufsatzes, vielleicht des Essays über Nietzsche an diesem Orte melden wird.«[12] Die Tribschener Tafel befindet sich heute im Depot des Museums, während diejenige in Küsnacht tatsächlich angebracht wurde, wenn auch erst Jahrzehnte später. Übrigens versicherte sich Mann des Tribschen-Eindrucks erneut, und zwar während seiner Arbeit am Zürcher *Ring*-Vortrag: »Nach *Tribschen*. Besichtigung der Räume. Merkwürdiger Eindruck. Furchtbare Ölbilder, ganz Hitler. Ein absolut anstößiger lustknabenhafter Siegfried. Neben Nietzsches ›Geb. d. Trag.‹ blödsinniger Weise ein Exemplar des ›Fall Wagner‹ unter Glas. [...] Chamberlain-Büste. [...] Elemente der Furchtbarkeit und des Hitlertums deutlich hervortretend, wenn auch eben nur latent und vorgebildet, vom pathetischen Kitsch bis zur deutschen Knabenliebe. – Gang im Garten am See, wo Nietzsche mit ihm gewandelt.«[13]

Die Verbindung zu Wagner über das gemeinsame Zürcher Exil ist Thomas Mann als bedeutungsvolle Koinzidenz erschienen, zumal die bereits im frühen 20. Jahrhundert angebrachte Gedenktafel an Wagners Wohnung am Zeltweg, in unmittelbarer Nähe des Schauspielhauses, diese Doppelung beständig in Erinnerung gerufen haben muss. Denn am Zeltweg wurden die Partituren von *Rheingold* und *Walküre* vollendet. Doch es war – was Mann möglicherweise nicht bewusst war – nicht allein die *Ring*-Lesung, die Wagners Werk in Zürich an die Öffentlichkeit hat treten lassen, es war die Uraufführung eines zentralen Teils, des ersten Aktes der *Walküre* 1856 in Zürich, die erstmals den *Ring* auch musikalisch der Welt präsentiert hat, mit Wagner selbst als Hunding und Siegmund, Emilie Heim als Sieglinde und Franz Liszt am Klavier. Die mit diesem Ereignis, vor allem aber mit der öffentlichen *Ring*-Lesung verbundene Systematik muss Mann fasziniert haben, denn sie beschwor auf eine geradezu programmatische Weise die innige Verbindung zwischen dem Ort des Exils und jenen Partituren, die er hervorbringen sollte. Diese Engführung der Unbehaustheit äußerer Umstände mit der ästhetischen Heimatlosigkeit eines ungeheuerlichen Werkes musste zwangsläufig die 1933 starkgemachte Dekadenz-These relativieren und die im tiefsten Sinne politische Dimension des Werkes hervorheben. Die Proklamation der Wagner-Stadt Zürich gegen München ist eine Beteuerung der entscheidenden Voraussetzung, des Exils gegen die Arriviertheit, der Heimatlosigkeit gegen die Einrichtung im Bestehenden, der liberalen Bürgerstadt gegen die aristokratische Tendenz, der kleinen Welt Gottfried Kellers gegen die Zumutung eines monarchischen Machtanspruchs.

Die alles infrage stellende Erfahrung des Exils ist zweifellos ein neuer, überdies bis heute nur ungenügend, weil eher beiläufig gewürdigter Aspekt der Wagner-Deutung. Thomas Mann hat ihn wohl auch deswegen hervorgehoben, weil er ihm eine trotz aller vorübergehenden Anstrengungen der Befreiung am Ende doch unauflösbare Verbindung zum Komponisten anzuzeigen schien. Die Doppelung der Exil-Erfahrung konnte das Unzeitgemäße der Zumutung von Wagners Werk nicht etwa verstärken, sondern sie hat es zunehmend ausgelöscht, ja überhaupt erst erträglich gemacht. Die vieldeutige Tagebuch-Eintragung, in der Unbehaustheit dieser Zumutung »zu Hause« zu sein, deutet diese tiefste Verbindung an. Sie hat ihre Ursachen in einer Wagner-Deutung, die am Ende wohl doch konsistenter und konsequenter ist, als es lange den Anschein hatte. In jedem Fall ist sie, unabhängig von der willentlichen Hingabe, von einer Ambivalenz durchzogen, die um 1910 zum Plan führte, das 19. Jahrhundert und mit ihm vor allem Wagner zu überwinden in einer neuen Art von Klassizismus. Diesem Unternehmen den Weg zu bereiten, sollte die Aufgabe des nicht verwirklichten Essays *Geist und Kunst* werden. Geblieben sind von diesem Unterfangen jedoch nur zwei Texte, in denen auf die Herausforderung, die Richard Wagner stellte, auf ganz unterschiedliche und doch wechselseitig sich bedingende Weise geantwortet werden sollte. Im Juli 1911 erschien im *Merker* ein knapper, konziser Wagner-Aufsatz, um gewissermaßen die Richtung dieser Distanzierung zu weisen. Das »Meisterwerk des zwanzigsten Jahrhunderts« könne, so Mann, nur gedacht werden als »etwas ausnehmend Logisches, Formvolles und Klares, etwas zugleich Strenges und Heiteres, von nicht geringerer Willensspannung als jenes, aber von kühlerer, vornehmerer und selbst gesunderer Geistigkeit, etwas, das seine Größe nicht im Barock-Kolossalischen und seine Schönheit nicht im Rausche sucht, – eine neue Klassizität, dünkt mich, muß kommen.«[14] Gerade diese Konsequenz am Schluss eines Wagner-Aufsatzes sollte, wohl kaum zufällig parallel zur neuen Mythologie bei Strauss und Hofmannsthal, gewissermaßen das Wagner'sche Drama in die Geschichte entlassen.

Im zweiten für das Vorhaben zentralen Text geht es hingegen unter anderem um die Gestehungskosten dieses Prozesses. Denn Gustav von Aschenbachs Tod in der zum Untergang verurteilten Welt des nachrepublikanischen und nach-österreichischen Venedig im Angesicht der makellosen Schönheit eines polnischen Knaben beschwört eben nicht bloß das Ende einer Epoche, sondern eine zukunftsweisende Perspektive neuer Klassizität. Die erhoffte, angedeutete Überwindung Wagners ist ein zentrales Thema im *Tod in Venedig*. Die 1911 erstmals in dieser Deutlichkeit erfolgte Erklärung, Wagner sei, auch musikalisch, auch bühnentechnisch, im Grunde kein Dramatiker, sondern ein Epiker gewesen, verbunden mit einer tiefen Einsicht in die Funktionsweise der Partituren, wird gleichsam ausgeführt in der Novelle selbst. Die Duplizierung von Wagners Tod in Aschenbachs Schicksal ist zugleich seine entscheidende Umdeutung. Denn der Weg von München, der Stadt von Wagners erhofftem Wirken, nach Venedig, in die Stadt seines Todes, führt den Dichter, ganz anders als den Komponisten, auch zu einer immer irritierender, immer nachdrücklicher werdenden und zugleich unnahbar bleibenden Begegnung mit jener neuen Klassizität, in der das Wagner'sche Erbe allenfalls noch historisch eine Rolle spielt. Die Seuche als Krankheit zum Tode, der Aschenbach schließlich erliegt, ist gekoppelt mit der möglichen Perspektive eines neuen, von ihm unabhängigen Kunstwerks des 20. Jahrhunderts, nicht zuletzt in der Figur des Dichters, also des reinen, des literarischen Epikers selbst, der eben kein Komponist mehr ist und es auch nicht sein soll.

Aschenbach stirbt unbehaust, im freiwillig angetretenen Exil, in der Vorläufigkeit eines Hotels. Dass er, wie Thomas Mann, aus der »Richard Wagner-Stadt« München kommt, ist selbstverständlich keine Beiläufigkeit, zumal das Wort der »Wagner-Stadt« nicht von den Agitatoren des Jahres 1933 erfunden worden ist, sondern bereits ins 19. Jahrhundert zurückreicht, durchaus um den kunstpolitischen Anspruch der Residenzstadt zu untermauern. Ernst von Possart (1841–1921) etwa reklamierte 1910 den Rang Münchens als »erste Musikstadt des deutschen Reiches«, die »folgerecht auch die erste Wagner-Stadt sein« müsse.[15] Der Befreiungsschlag, den sich Aschenbach durch die Reise erhofft, entspricht demjenigen Wagners durchaus. An den Sänger Joseph Tichatschek (1807–1886) schrieb Wagner aus jenem Zürich, in dem er sich schließlich selbst in Bedrängnis gebracht hat: »Ende dieser Woche reise ich von Zürich fort. In Oberitalien, vermuthlich in Venedig will ich suchen mir wieder ein Arbeitsstübchen zu bereiten; gebe der Himmel, dass ich bald wieder Ruhe zur Arbeit finde: sie einzig kann mir über mein leidvolles Leben hinweghelfen.«[16] Und in der von Thomas Mann besonders verehrten *Beethoven*-Schrift von 1870 ist Venedig als einzigartiger Ort definiert, in dem sich Musik programmatisch als bewusstseinslose Ur-Erfahrung zu verwirklichen vermag: »In schlafloser Nacht trat ich einst auf den Balkon meines Fensters am großen Kanal in Venedig: wie ein tiefer Traum lag die märchenhafte Lagunenstadt im Schatten vor mir ausgedehnt. Aus dem lautlosesten Schweigen erhob sich da der mächtige rauhe Klageruf eines soeben auf seiner Barke erwachten Gondolier's, mit welchem dieser in wiederholten Absätzen in die Nacht hineinrief, bis aus weitester Ferne der gleiche Ruf dem nächtlichen Kanal entlang antwortete: ich erkannte die uralte schwermüthige, melodische Phrase, welcher seiner Zeit auch die bekannten Verse Tasso's untergelegt worden, die aber an sich gewiß so alt ist, als Venedigs Kanäle mit ihrer Bevölkerung. Nach feierlichen Pausen belebte sich endlich der weithin tönende Dialog und schien sich im Einklang zu verschmelzen, bis aus der Nähe wie aus der Ferne sanft das Tönen wieder im neugewonnenen Schlummer erlosch. Was konnte mir das von der Sonne bestrahlte, bunt durchwimmelte Venedig des Tages von sich sagen, das jener tönende Nachttraum mir nicht unendlich tiefer unmittelbar zum Bewußtsein gebracht gehabt hätte?«[17]

In diesem Sinne sollte auch Aschenbachs Venedig-Aufenthalt zu einem Neuansatz führen, der dann aber erst in der eigenen Auslöschung durch die Epidemie ahnungsvoll zu erkennen ist, eben in jenem Klassizismus, den Tadzio dann buchstäblich zu verkörpern scheint. Und doch, dies zeichnet sich im Wagner-Essay von 1911 ab, ist der erhoffte Aufbruch so vage, wie es das Ende der Novelle ist. Die Ambivalenz von Wagners Musik hat die Einsicht entstehen lassen, die projektive Überwindung sei ohne die fortwährende Erinnerung an sie gar nicht möglich.

Der Essay schließt daher mit der Beschwörung dieses Sachverhalts, der zugleich eine Gefahr ist: »Aber noch immer, wenn unverhofft ein Klang, eine beziehungsvolle Wendung aus Wagners Werk mein Ohr trifft, erschrecke ich vor Freude, eine Art Heim- und Jugendweh kommt mich an und wieder, wie einstmals, unterliegt mein Geist dem klugen und sinnigen, sehnsüchtigen und abgefeimten Zauber.« Gerade diese Sogkraft und das mit ihr verbundene Heimweh, das ja nur den Heimatlosen befallen kann, gefährdet die mögliche Überwindung auf grundsätzliche Weise, eine Einsicht, die 1933 nochmals, nun unter Betonung des Psychologischen, zu einem zentralen Argument werden sollte.

Die Wiederholung der Zürcher Exilsituation hat endgültig zu der Einsicht geführt, die Möglichkeit des Entkommens und Überwindens sei gerade deswegen illusorisch, weil eben Wagners Werk selbst bereits heimatlos sei, und zwar in einem ganz grundlegenden physischen Sinne. Kaum zufällig wird daran auch Adrian Leverkühn, der sich gegen Wagner mit aller Kraft auflehnt, scheitern, schon deswegen, weil ihm der Klassizismus als Option endgültig nicht mehr zur Verfügung stehen kann. Damit tritt aber in den 1930er-Jahren die Heimatlosigkeit nicht nur als eine politische Konfiguration in den Vordergrund, sondern als eine weit über Wagner hinausreichende Möglichkeit ästhetischer Bewältigung. Denn die Zürcher Rede von 1937 ist nicht nur eine bedeutungsvolle Verbeugung vor dem Exil als schaffensnotwendigem Bruch. In ihr wird die entgrenzende Erfahrung des Exils, bei Mann durchaus der deutliche politische Protest gegen die nationalsozialistische Vereinnahmung Wagners, zum alles entscheidenden Wahrnehmungsmuster. Erst damit ist es möglich, Wagner, bei allem sich immer wieder einstellenden Zweifel, ja bei mancher Abscheu, bei mancher geahnten Verbindung zu den politischen Machthabern von 1933, produktiv aus dem 19. Jahrhundert heraus zu retten. Mann befand sich nicht nur im selben Exil wie Wagner, das Werk Wagners vollzieht sich gewissermaßen als die ästhetische Erfahrung eines Exils, eines Exils von und aus dem 19. Jahrhundert. Nur diese Erfahrung kann es überhaupt ermöglichen, sich in der Zumutung des Wagner'schen Werkes dennoch »zu Hause« zu fühlen.

Erst diese Einsicht hat für Mann die Erkenntnis einer Unentrinnbarkeit von Wagners Werk entstehen lassen, einer Unentrinnbarkeit, deren zentrale Voraussetzung jene Heimatlosigkeit ist, die sich im Tod in Venedig zeichenhaft zu erkennen gibt. Nicht zuletzt deswegen hat Mann alle Versuche, ihn für das Nachkriegs-Bayreuth zu gewinnen, mit aller Entschiedenheit abgelehnt. Thomas Mann war sich der besonderen Bedeutung von Wagners Zürcher Aufenthalt bewusst, und die Gemeinsamkeit des Exil-Ortes hat er als ahnungsvolle Verbindung beschworen. Immer stärker verdichtet sich die Engführung zwischen der *Ring*-Tetralogie und der *Joseph*-Tetralogie, die nicht weniger sein will als eine Antwort auf Wagner. Die Ur-Szene, mit dem der erste *Joseph*-Roman beginnt, ist eine literarische Anspielung auf das *Rheingold*-Vorspiel. Immer deutlicher ist bei Thomas Mann dabei die Vorstellung hervorgetreten, die *Joseph*-Tetralogie bedürfe wie die *Ring*-Tetralogie des Ortes Zürich: eines nichtdeutschen Ortes, der doch deutschsprachig ist, eines Ortes, an dem sich das in Deutschland Verfemte und ihm doch Zugehörige verwirklichen kann, eines Ortes, an dem die Heimatlosigkeit zur alles bestimmenden Erfahrung werden konnte. Noch 1940 hat Mann seine Lesart von Wagner gegen den nationalsozialistischen Ungeist in diesem Sinne verteidigt. Es ging ihm um das mythische Erzählen, das nur in jenem glücklichen Augenblick Wirklichkeit zu werden vermag, in dem sich bestenfalls Kunst und Leben versöhnen und das deswegen gegen die machtgierige Inanspruchnahme zu verteidigen ist: »Das Ungeheure daran ist ein epischer Radikalismus, für den ich die Begeisterung nie verlernen werde: dieser Radikalismus des ›Anfangens‹, dieses Zurückgehen zum Ursprung und Erzbeginn aller Dinge, der Urzelle, dem ersten Kontra-Es des Vorspieles vom Vorspiel, diese Besessenheit, eine musikalische Kosmogonie, ja einen musikalischen Kosmos selbst zu erbauen und mit tiefsinnig organischem Bios zu begaben, – das tönende Schaugedicht von der Welt Anfang und Ende.« Dieses mythische Erzählen als ein Beitrag des deutschen 19. Jahrhunderts gelte es gegen seine Pervertierung zu verteidigen, und das Muster dieser Pervertierung sei der Nationalsozialismus.

Die neue Mythologie, die Hofmannsthal und Strauss ab 1911 proklamieren sollten, ist Thomas Mann nach 1933 als vollends unmöglich erschienen. Die 1949, anlässlich des Todes von Strauss geäußerte Hoffnung, gerade er hätte eigentlich Leverkühns Tragödie in der musikalischen Wirklichkeit erlösen können, zeigt hingegen die Klarheit, mit der Thomas

Mann diese Möglichkeit wenigstens gesehen hat. Gerade deswegen, im Angesicht der endgültigen Entzweiung von Kunst und Leben, konnte der Eindruck des *Walküre*-Erlebnisses am Weihnachtsabend 1936 in Küsnacht nicht mehr bruchlos sein. Die elementare Gewalt, mit der von Deutschland Hand an alles gelegt wurde, was zur europäischen Kultur gehörte, zerstörte auch die Illusion des Exil-Ortes Zürich. In Amerika hat sich Mann immer nach diesem Wagner'schen Exil zurückgesehnt, und der Gang in die letzte Adresse nach Kilchberg zeugt von der fortwährenden Gegenwärtigkeit. Dort ist es nochmals zu einer letzten öffentlichen Rückbesinnung auf Wagner gekommen, produziert im Zürcher Radiostudio. Dabei geht es nicht mehr um *Ring* und *Tristan*, es geht um die Verheißung eines sehnsuchtsvollen, utopischen Neubeginns vor dem *Ring*, in einem Werk, das nicht nur thematisch, sondern in seiner konkreten Aufführungsgeschichte wie kein zweites mit der Wirklichkeit des Exils verknüpft ist. Es geht um ein Werk, das in Goethes Weimar uraufgeführt wurde, von Franz Liszt, an dessen Uraufführung der nach Zürich geflüchtete Komponist nicht teilhaben konnte. Es geht um ein Werk, dessen legendäres Vorspiel sich der Komponist erst viel später anhören konnte und das Thomas Mann am Ende bedingungslos bewundert hat. Kurzum: Es geht um das *Lohengrin*-Vorspiel. Der Verweis darauf, auf die Verheißung der Exil-Existenz, auf die Flucht und die Gefährdung, auf das Erlösungshoffende und Unerlöste ist Thomas Manns letztes öffentliches Wort zu Wagner geworden. Dazu erklang im Radio ausgerechnet eine Aufführung des Zürcher Tonhalle-Orchesters unter Hans Knappertsbusch, eben eines Hauptinitiators des Protestes der »Richard-Wagner-Stadt München« gegen Thomas Mann.

Anhang

Verwendete Ausgaben

Werner Breig u.a. (Hrsg.): Chronologisches Verzeichnis der Briefe von Richard Wagner. Wagner-Briefe-Verzeichnis (WBV). Wiesbaden u.a.: Breitkopf & Härtel 1998

Carl Dahlhaus u.a. (Hrsg.): Richard Wagner. Sämtliche Werke. Mainz: Schott 1970 ff.

John Deathridge u.a. (Hrsg.): Wagner Werk-Verzeichnis (WWV). Verzeichnis der musikalischen Werke Richard Wagners und ihrer Quellen. Mainz: Schott 1986

Richard Wagner: Der Ring des Nibelungen. Einen Bühnenfestspiel für drei Tage und einen Vorabend. Textbuch mit Varianten der Partitur. Hrsg. von Egon Voss. Stuttgart: Reclam 2009

Richard Wagner: Gesammelte Schriften und Dichtungen. 10 Bände. Leipzig: Fritzsch 1886 ff.

Richard Wagner: Sämtliche Briefe. Bisher 26 Bände. Verschiedene Herausgeber. Begonnen Leipzig: Deutscher Verlag für Musik, Bd. 1, 1967; heute Wiesbaden: Breitkopf & Härtel, zuletzt Bd. 26, 2023

Richard Wagner: Die Kunst und die Revolution. Leipzig: Wigand 1849, S. 15

Richard Wagner: Das Kunstwerk der Zukunft. Leipzig: Wigand 1850

Richard Wagner: Oper und Drama. Zweiter Theil. Das Schauspiel und das Wesen der dramatischen Dichtkunst. Leipzig: Weber 1852

Richard Wagner: Oper und Drama. Dritter Theil. Dichtkunst und Tonkunst im Drama der Zukunft. Leipzig: Weber 1852

Richard Wagner: Religion und Kunst. Nebst einem Nachtrage »Was nützt diese Erkenntniss?« Beigabe für die Abonnenten des Jahrgangs 1881 der »Bayreuther Blätter«. Bayreuth: Bayreuther Patronatsverein 1881

Cosima Wagner: Die Tagebücher. 2 Bände. Hrsg. von Martin Gregor-Dellin und Dietrich Mack. München, Zürich: Piper 1976/77

Thomas Mann: Tagebücher. 10 Bände. Hrsg. von Peter de Mendelssohn. Frankfurt: Fischer 2003

Literaturhinweise

Aus der unübersehbaren Fülle der Wagner-Literatur folgt hier eine kleine Auswahl von Titeln, die für die Texte dieses Bandes eine wichtige Rolle spielten.

Ursula Amrein: Angeblich keine Opposition. Thomas Mann spricht in Zürich über »Richard Wagner und der Ring des Nibelungen« (1937). In: Thomas Mann Jahrbuch 27, 2014, S. 109–125

Oswald Georg Bauer: Josef Hoffmann. Der Bühnenbildner der ersten Bayreuther Festspiele. München, Berlin: Deutscher Kunstverlag 2008

Karol Berger: Jenseits der Vernunft. Form und Bedeutung in Wagners Musikdramen. Übersetzt von Sven Hiemke. Stuttgart: Metzler, Kassel: Bärenreiter 2021

Udo Bermbach: Der Wahn des Gesamtkunstwerks. Richard Wagners politisch-ästhetische Utopie. Frankfurt: Fischer 1994

Udo Bermbach: »Blühendes Leid«. Politik und Gesellschaft in Richard Wagners Musikdramen. Stuttgart, Weimar: Metzler 2003

Dieter Borchmeyer: Das Theater Richard Wagners. Idee – Dichtung – Wirkung. Stuttgart: Reclam 1982

Dieter Borchmeyer: Liszt und Wagner. Allianz in Goethes und Schillers Spuren. In: wagnerspectrum 7, 2011, S. 69–82

Werner Breig: »Das Wort von der Bühne aus« und »die bedeutsame Beteiligung des Orchesters«. Zum dichterisch-musikalischen Verfahren in Wagners »Ring des Nibelungen«. In: Ulrich Konrad und Egon Voss (Hrsg.): Der »Komponist« Richard Wagner im Blick der aktuellen Musikwissenschaft. Wiesbaden u. a.: Breitkopf & Härtel 2003, S. 33–47

Olaf Briese: »Gesellschaft« contra Staat. Über einen sozialistischen und frühanarchistischen Schlüsselbegriff. In: Archiv für Begriffsgeschichte 60/61, 2018/19, S. 273–300

Matthias Brzoska: Die Idee des Gesamtkunstwerks in der Musiknovellistik der Julimonarchie. Laaber: Laaber 1995 (Thurnauer Schriften zum Musiktheater 14)

Carl Dahlhaus: Die Bedeutung des Gestischen in Wagners Musikdramen. Vortrag gehalten am 9. Dezember 1969 in der Bayerischen Akademie der Schönen Künste zu München. München: Oldenbourg 1970

Carl Dahlhaus: Richard Wagners Musikdramen. Velber: Friedrich 1971

Carl Dahlhaus (Hrsg.): Das Drama Richard Wagners als musikalisches Kunstwerk. Regensburg: Bosse 1970 (Studien zur Musikgeschichte des 19. Jahrhunderts 23)

Sieghard Döhring und Sabine Henze-Döhring: Oper und Musikdrama im 19. Jahrhundert. Laaber: Laaber 1997 (Handbuch der musikalischen Gattungen 13)

Norbert Otto Eke (Hrsg.): Vormärz-Handbuch. Bielefeld: Aisthesis 2020

Ludwig Finscher: Mythos und musikalische Struktur. In: Udo Bermbach und Dieter Borchmeyer (Hrsg.): Richard Wagner – »Der Ring des Nibelungen«. Ansichten des Mythos. Stuttgart, Weimar: Metzler 1995, S. 27–37

Sven Friedrich: Welt ohne Gott. Richard Wagners Selbsterlösungsreligion. In: wagnerspectrum 20, 2024, S. 91–111

Enrico Fubini: Wagner e la rivoluzione. In: ders: Il pensiero musicale del Romanticismo. Turin: EDT 2005, S. 171–188

Matthias Gockel: Sehnsucht nach Erlösung. Religiöser Symbolismus und ästhetische Transformation im »Parsifal«. In: wagnerspectrum 12, 2016, S. 95–120

Ryszard Godianek: »Polonia«. Novemberaufstand oder die Drangsal aus dem Osten? Die polnische Thematik in Richard Wagners Schriften und Werk. In: Helmut Loos (Hrsg.): Richard Wagner. Persönlichkeit, Werk und Wirkung. Beucha: Sax 2013, S. 409–416

Rüdiger Görner: Rheintöchter an der Themse oder: Zur Bedeutung von G. B. Shaws Wagner-Kritiken. In: wagnerspectrum 4, 2008, S. 159–174

Norbert Götz u. a. (Hrsg.): Wagners Welten. München: Münchner Stadtmuseum, Edition Minerva 2003

Thomas Grey (Hrsg.): The Cambridge Companion to Richard Wagner. Cambridge: Cambridge University Press 2008

Thomas Grey (Hrsg.): Richard Wagner and His World. Princeton: Princeton University Press 2009

Thomas Grey: The Idea of Redemption and the Total Artwork in Wagner's Encounters with »Faust«. In: Lorna Fitzsimmons (Hrsg.): The Oxford Handbook of Faust in Music. New York: Oxford University Press 2019, S. 117–144

Raphael Gross u. a. (Hrsg.): Richard Wagner und das deutsche Gefühl. Ausstellungskatalog Deutsches Historisches Museum Berlin 2022. Darmstadt, Berlin: wbg 2022

Bernhard Hangartner (Hrsg.): Durch Richard Wagners Zürich. Ein Stadtrundgang. Frankfurt: Stroemfeld 2012

Eva Martina Hanke: Wagner in Zürich. Individuum und Lebenswelt. Kassel u. a.: Bärenreiter 2007 (Schweizer Beiträge zur Musikforschung 9)

Wolf-Daniel Hartwich: Religion und Kunst beim späten Wagner. Zum Verhältnis von Ästhetik, Theologie und Anthropologie in den Regenerationsschriften. In: Jahrbuch der Deutschen Schillergesellschaft 40, 1996, S. 297–323

Dirk Heißerer und Egon Voss (Hrsg.): Thomas Mann. Richard Wagner. Vortrag (1933). Edition und Dokumentation. Würzburg: Königshausen und Neumann 2017 (Thomas Mann-Schriftenreihe, Fundstücke 7)

Julius Kapp (Hrsg.): Der junge Wagner. Dichtungen, Aufsätze, Entwürfe, 1832–1849. Berlin, Leipzig: Schuster und Loeffler 1910

Ulrike Kienzle: Das Weltüberwindungswerk. Wagners »Parsifal«. Ein szenisch-musikalisches Gleichnis der Philosophie Arthur Schopenhauers. Laaber: Laaber 1992 (Thurnauer Schriften zum Musiktheater 12)

Ulrike Kienzle: »... daß wissend würde die Welt«. Religion und Philosophie in Richard Wagners Musikdramen. Würzburg: Königshausen und Neumann 2005 (Wagner in der Diskussion 1)

Markus Kiesel (Hrsg.): Das Richard-Wagner-Festspielhaus Bayreuth. Köln: nettpress 2007

Erich Kloss: Wagnertum in Vergangenheit und Gegenwart. Berlin: Hofmann 1909

Hubert Kolland: Die kontroverse Rezeption von Wagners Nibelungen-Ring 1850–1870, Köln: Studio 1995 (Berliner Musik Studien 5)

Gundula Kreuzer: Curtain, Gong, Steam. Wagnerian Technologies of Nineteenth-Century Opera. Berkeley: University of California Press 2018

Stefan Kunze: Der Kunstbegriff Richard Wagners: Voraussetzungen und Folgerungen. Regensburg: Bosse 1983

Ernst Kurth: Romantische Harmonik und ihre Krise in Wagners »Tristan«. Berlin: Hesse 1920

Laurenz Lütteken (Hrsg.): Kunstwerk der Zukunft. Richard Wagner und Zürich (1849–1858). Katalog zur Ausstellung Museum Bärengasse Zürich, 25. Juni bis 16. November 2008. Zürich: NZZ Libro 2008

Laurenz Lütteken (Hrsg.): Exil als Daseinsform. Die Schauplätze Richard Wagners. Zürcher Festspiel-Symposium 2013. Kassel u. a.: Bärenreiter 2014 (Zürcher Festspiel-Symposien 5)

Laurenz Lütteken (Hrsg.): Wagner-Handbuch. 2., unveränderte Auflage. Kassel: Bärenreiter, Berlin: Metzler 2021

Thomas Mann: Wagner und unsere Zeit. Aufsätze. Betrachtungen. Briefe. Hrsg. von Erika Mann. Mit einem Geleitwort von Willi Schuh. Frankfurt: Fischer 1983

Ludwig Marcuse: Das denkwürdige Leben des Richard Wagner. Zürich: Diogenes 1973

Stefan Matuschek: Faust und Siegfried. Mythosverständnis und Darstellungsformen bei Goethe und Wagner. In: Goethe-Jahrbuch 2012, S. 139–151

Stephan Mösch: Weihe, Werkstatt, Wirklichkeit. »Parsifal« in Bayreuth 1882–1933. Kassel u. a.: Bärenreiter 2009

Adrian Müller: Kurt Overhoff. Im Banne Bayreuths. Würzburg: Königshausen und Neumann 2020 (Wagner in der Diskussion 21)

Ulrich Müller und Peter Wapnewski: Richard-Wagner-Handbuch. Stuttgart: Kröner 1986

Herfried Münkler: Marx, Wagner, Nietzsche. Welt im Umbruch. Hamburg: Rowohlt 2023

Michael Nagel und Moshe Zimmermann (Hrsg.): Judenfeindschaft und Antisemitismus in der deutschen Presse über fünf Jahrhunderte. Erscheinungsformen, Rezeption, Debatte und Gegenwehr. Bremen: Edition lumière 2013

Anthony Newcomb: The Birth of Music out of the Spirit of Drama. An Essay in Wagnerian Formal Analysis. In: 19th Century Music 5, 1981, S. 38–66

Oswald Panagl und Ulrich Müller (Hrsg.): Ring und Gral. Texte, Kommentare und Interpretationen zu Richard Wagners »Der Ring des Nibelungen«, »Tristan und Isolde«, »Die Meistersinger von Nürnberg« und »Parsifal«. Würzburg: Königshausen und Neumann 2002

Holger Pils und Christina Ulrich (Hrsg.): Liebe ohne Glauben. Thomas Mann und Richard Wagner. Ausstellungskatalog Lübeck 2011 und Bayreuth 2013. Göttingen: Wallstein 2011

Adolf Pochhammer: Richard Wagner's »Der Ring des Nibelungen«. Frankfurt: Bechhold o. J. [1896]
Laurine Quetin (Hrsg.): Richard Wagner. Die Meistersinger von Nürnberg. Tours: Univ. François Rabelais 2012 (Musicorum 12)
Wolfgang Schild: Hegel und Wagner. In: Richard Wagner. Recht betrachtet. Vierzehn Beiträge. Boston u. a.: de Gruyter 2020 (Juristische Zeitgeschichte 6/54), S. 83–118
Giangiorgio Satragni: Wagners »Parsifal«. Text, Musik, Theologie. Würzburg: Königshausen und Neumann 2024 (Wagner in der Diskussion 26)
Isolde Schmidt-Reiter (Hrsg.): Worttonmelodie. Die Herausforderung, Wagner zu singen. Regensburg: ConBrio 2020 (Schriften der Europäischen Musiktheater-Akademie 13)
Eva Rieger und Hiltrud Schroeder: Ein Platz für Götter. Richard Wagners Wanderungen in der Schweiz. Köln u. a.: Böhlau 2009
George Bernard Shaw: The Perfect Wagnerite. A Commentary on the Ring of the Niblungs. London: Richards 1898
Stefan Lorenz Sorgner u. a. (Hrsg.): Wagner und Nietzsche. Kultur – Werk – Wirkung. Ein Handbuch. Reinbek: Rowohlt 2008
Glenn Stanley: A Life with Goethe. Wagner's Engagement with »Faust« in Music and in Words. In: Lorraine Byrne Bodley (Hrsg.): Music in Goethe's »Faust« – Goethe's »Faust« in Music. Woolbridge: Boydell 2017, S. 155–171
Peter Steinacker: Richard Wagner und die Religion. Darmstadt: Wissenschaftliche Buchgesellschaft 2008
Ulrich Tadday: Das schöne Unendliche. Ästhetik, Kritik, Geschichte der romantischen Musikanschauung. Stuttgart, Weimar: Metzler 1999
Hans Rudolf Vaget: Wagner im Spiegel Heinrich und Thomas Manns. In: wagnerspectrum 7, 2011, S. 113–135
Stephen van de Moortele (Hrsg.): Wagner Studies. Cambridge u. a.: Cambridge University Press 2025
Melanie Wald und Wolfgang Fuhrmann: Ahnung und Erinnerung. Die Dramaturgie der Leitmotive bei Richard Wagner. Kassel: Bärenreiter, Berlin: Henschel 2013
Peter Wapnewski: Rivale Faust. Beobachtungen zu Wagners Goethe-Verständnis. In: Jahrbuch des Freien Deutschen Hochstifts 1984, S. 128–156
Eugen Wenzel: Ein neues Lied? Ein besseres Lied? Die neuen »Evangelien« nach Heine, Wagner und Nietzsche. Würzburg: Königshausen und Neumann 2014 (Epistemata 804)
Günter Zöller: World-Drama: Wagner's Hegelian Heritage. In: David Trippett (Hrsg.): Wagner in Context. Cambridge: Cambridge University Press 2024, S. 168–177

Nachweise der Texte

Die vier Essays zum *Ring des Nibelungen* sind auf Anregung von Marie Mergeay für die Begleitbücher der *Ring*-Produktion des Opernhauses La Monnaie / De Munt, Brüssel, entstanden und wurden zwischen 2023 und 2025 auf Französisch und Flämisch veröffentlicht:

La »vie de l'avenir« et la nostalgie de l'œuvre d'art. Le »Rheingold« de Wagner et l'idée du drame musical. In: Richard Wagner. Das Rheingold. La Monnaie / De Munt. Brüssel 2023, S. 105–112. Flämisch als: Het »leven van de toekomst« en het verlangen van het kunstwerk. Wagners »Das Rheingold« en het idee van het muziekdrama, ebd., S. 113–120

Souvenir de l'avenir. La narration mythologico-musicale dans »Die Walküre«. In: Richard Wagner. Die Walküre. La Monnaie / De Munt. Brüssel 2024, S. 59–69. Flämisch als: Herinnering aan de toekomst. De mythisch-muzikale vertelling in »Die Walküre«, ebd., S. 71–78

»Vervaarlijk majestueuze muziek«. Siegfrieds liederen an de betekenis van de zang in de »Ring«. In: Richard Wagner: Siegfried. La Monnaie / De Munt. Brüssel 2024, S. 85–92. Französisch als: Une »musique d'une terrible majesté«. Les chansons de Siegfried et la signification du chant dans le »Ring«, ebd., S. 93–101

Einde en Begin. De Opheffing van traditie en geschiedenis in »Götterdämmerung«. In: Richard Wagner. Götterdämmerung. La Monnaie / De Munt. Brüssel 2025, S. 87–94. Französisch als: Fin et commencement. Le dépassement de la tradition et de l'histoire dans »Götterdämmerung«, ebd., S. 95–102

Die anderen Texte sind für den Druck nochmals überarbeitete Fassungen von bisher unveröffentlichten Vorträgen:

Wagner als Linkshegelianer. Vortrag in der Oper Leipzig am 22. Juni 2022, anlässlich des Festivals »Wagner 22«

Jenseits der Religion. Wagners musikalische Utopien. Abendvortrag in der Hochschule für Musik und Theater München am 24. Februar 2025, im Rahmen der Tagung »Kunstreligion – Weltreligionen – Weltanschauungen« des DFG-Netzwerks »Religion im Plural«. Tobias C. Weißmann, Mainz, sei sehr herzlich für die Einwilligung zum Druck gedankt.

Der »tröstende Verkehr mit einem Großen«. Wagner und Goethe. Vortrag im Goethe-Museum Düsseldorf am 22. Mai 2007; nochmals gehalten im Goethe-Haus Weimar am 14. Juni 2018

»Als Dimension und Zumutung unzeitgemäß«. Thomas Mann, Richard Wagner und das Exil. Vortrag im Palazzo Vendramin Calergi, Venedig, am 15. November 2008, anlässlich der »Giornate Wagneriane«

Anmerkungen

I Vom »Leben der Zukunft« und der Sehnsucht des Kunstwerks

1 Richard Wagner: Die Kunst und die Revolution. Leipzig: Wigand 1849, S. 15.

2 Richard Wagner: Oper und Drama. Dritter Theil. Dichtkunst und Tonkunst im Drama der Zukunft. Leipzig: Weber 1852, S. 173.

3 Alle Textangaben nach Richard Wagner: Der Ring des Nibelungen. Ein Bühnenfestspiel für drei Tage und einen Vorabend. Textbuch mit Varianten der Partitur. Hrsg. von Egon Voss. Stuttgart: Reclam 2009, hier S. 9.

4 Wagner: Oper und Drama, 3. Teil, S. 102.

5 Ebd., 3. Teil, S. 102 f.

6 Adolph Bayersdorfer: Die »Walküre« von Richard Wagner. In: Walhalla 121, 2. Juli 1870, S. 4.

7 Wagner: Oper und Drama, 3. Teil, S. 247.

II Erinnerung an die Zukunft

1 Wagner: Ring, S. 228.

2 Ebd., S. 429.

3 Ebd., S. 101.

4 Neue Zürcher Zeitung, 25. Oktober 1856; zit. nach Werner G. Zimmermann: Richard Wagner in Zürich. Materialien zu Aufenthalt und Wirken. 2. Folge. Richard Wagner in der Zürcher Presse 1854–1858. Zürich: Hug 1988 (Neujahrsblätter der Allgemeinen Musikgesellschaft Zürich 172), S. 41. Dort auch das folgende Zitat.

5 Alle Zitate nach der kritischen Edition von Andreas Rawitzer (Hrsg.): Die Kompositionsskizze zu Richard Wagners »Die Walküre«. Vollständige, kritisch kommentierte Edition. Baden-Baden: Ergon 2019; dort auch die Diskussion der älteren Auflösungen durch Otto Strobel: Wagners Leben im Lichte der Randbemerkungen seiner Originalhandschriften. In: Allgemeine Musikzeitung 59, 1932, S. 151–156.

6 So schon in Richard Wagner: Das Kunstwerk der Zukunft. Leipzig: Wigand 1850, S. 79. Dort wird das Fehlen »innerer Notwendigkeit« unter anderem zur Hauptkritik an der Erfindung des Kontrapunkts.

7 Ebd., S. 146.

8 Wagner: Ring, S. 123.

9 Richard Wagner: Oper und Drama. Zweiter Theil. Das Schauspiel und das Wesen der dramatischen Dichtkunst. Leipzig: Weber 1852, S. 90.

10 Wagner: Oper und Drama, 3. Teil, S. 192 und 236.

11 Wagner: Ring, S. 96.

12 Ebd., S. 115.

13 Ebd., S. 126.

14 Wagner: Oper und Drama, 2. Teil, S. 44.

15 Anon.: Kunst und Literatur. In: Unterhaltungs-Blatt der Neuesten Nachrichten [aus dem Gebiete der Politik] 52, 30. Juni 1870, S. 620–624, hier S. 622.

III Eine »furchtbar majestätische Musik«

1 Zit. nach Richard Wagner: Sämtliche Werke. Bd. 22. Dokumente und Texte zu »Die Feen«. Dokumente und Texte zu »Das Liebesverbot oder: Die Novize von Palermo«. Hrsg. von Peter Jost und Egon Voss. Mainz u. a.: Schott 2019, S. 202.

2 Gérard Genette: Die Erzählung. München: Fink 1994 (als Zusammenfassung zweier französischer Texte, die 1982 und 1983 erschienen sind).

3 Wagner: Oper und Drama, 3. Teil, S. 198.

4 Richard Wagner: Wieland der Schmiedt, als Drama entworfen. In: Wagner: Gesammelte Schriften und Dichtungen, Bd. 3, S. 178–206, hier S. 197.

5 Wagner: Die Kunst und die Revolution, S. 31.

6 Richard Wagner: Religion und Kunst. Nebst einem Nachtrage »Was nützt diese Erkenntniss?« Beigabe für die Abonnenten des Jahrgangs 1881 der »Bayreuther Blätter«. Bayreuth: Bayreuther Patronatsverein 1881, S. 17.

7 Wagner: Ring, S. 247.

8 Richard Wagner an Franz Liszt am 30. März 1853. In: Wagner: Sämtliche Briefe, Bd. 5, S. 233.

9 Richard Wagner an Julie Ritter am 8. Oktober 1857. In: Wagner: Sämtliche Briefe, Bd. 9, S. 53.

10 Richard Wagner an Ludwig II. am 22. Mai 1878. In: König Ludwig II. und Richard Wagner. Briefwechsel. Hrsg. vom Wittelsbacher Ausgleichs-Fonds und von Winifred Wagner. Bearbeitet von Otto Strobel. Bd. 3. Karlsruhe: Braun 1936, S. 123.

11 Wagner: Die Kunst und die Revolution, S. 31 f.

12 Wagner: Ring, S. 205.

13 Richard Wagner an Franz Liszt am 8. Mai 1857. In: Wagner: Sämtliche Briefe, Bd. 8, S. 319.

14 Richard Wagner an Mathilde Maier, 1863. In: Richard Wagner an Mathilde Maier (1862–1878). Hrsg. von Hans Scholz. Leipzig: Weicher, 2. Auflage, 1930, S. 53.

15 Wagner: Ring, S. 305.

16 Wagner: Das Kunstwerk der Zukunft, S. 205.

17 Ebd., S. 232 f.

18 Friedrich Nietzsche: Nachgelassene Fragmente (Herbst 1883). Zit. nach Friedrich Nietzsche. Digitale kritische Gesamtausgabe, http://www.nietzschesource.org/#eKGWB/NF-1883,17[15].

IV Ende und Anfang

1 Wagner: Ring, S. 328 und 426.

2 Richard Wagner an Clara Brockhaus am 12. März 1854. In: Wagner: Sämtliche Briefe, Bd. 6, S. 94.

3 Zit. nach Markus Kiesel (Hrsg.): Das Richard Wagner Festspielhaus in Bayreuth. Köln: Nettpress 2007, S. 63.

4 Wagner: Ring, S. 429.

5 Ebd., S. 120.

6 Wagner: Das Kunstwerk der Zukunft, S. 221 f.

7 Ebd., S. 223 f.

8 Wagner: Ring, S. 418.

9 Ebd., S. 429; dort auch das folgende Zitat.

V Überwindungen

1 Paulus Cassel: Der Judengott und Richard Wagner. Eine Antwort an die Bayreuther Blätter. Zum 28. Mai 1881. Berlin: Wohlgemuth 1881, S. 3.

2 Rudolf von Ficker: [Nachruf auf Alfred Ottokar Lorenz]. In: Archiv für Musikforschung 5, 1940, S. 64.

3 Thomas Mann: Leiden und Größe Richard Wagners (April 1933). In: Thomas Mann. Wagner und unsere Zeit. Aufsätze. Betrachtungen. Briefe. Hrsg. von Erika Mann. Mit einem Geleitwort von Willi Schuh. Frankfurt: Fischer 1983, S. 63–120, hier S. 63 und 120.

4 Thomas Mann: Richard Wagner und der »Ring des Nibelungen« (November 1937). In: ebd., S. 127–150, hier S. 150.

5 Ernst Kurth: Romantische Harmonik und ihre Krise in Wagners »Tristan«. Berlin: Hesse 1920, S. XIV.

6 Vgl. George Bernard Shaw: The Perfect Wagnerite. A Commentary on the Ring of the Niblungs. London: Richards 1898; Udo Bermbach: »Blühendes Leid«. Politik und Gesellschaft in Richard Wagners Musikdramen. Stuttgart, Weimar: Metzler 2003; Johannes Valentin Schwarz: Die »Schmach des Jahrhunderts«. Antijüdische Ausschreitungen in Vormärz und Revolution, 1819–1848. Berichterstattung und Deutung in liberaler Tagespublizistik und jüdischer Presse in Deutschland. In: Michael Nagel und Moshe Zimmermann (Hrsg.): Judenfeindschaft und Antisemitismus in der deutschen Presse über fünf Jahrhunderte. Erscheinungsformen, Rezeption, Debatte und Gegenwehr. Bd. 1, Bremen: Edition lumière 2013, S. 147–180.

7 Friedrich Pecht: Aus meiner Zeit. Lebenserinnerungen. Erster Band. Mit einem Bildnis des Verfassers. München: Kunst und Wissenschaft 1894, S. 294.

8 Richard Wagner an Theodor Apel am 27. Dezember 1835. In: Wagner: Sämtliche Briefe, Bd. 1, S. 252.

9 Friedrich Nietzsche: Nachgelassene Fragmente 1871. Zit. nach Friedrich Nietzsche: Digitale Kritische Edition eKGWB, www.nietzschesource.org/?#eKGWB/NF-1886,7[39].

10 Friedrich Nietzsche an Erwin Rohde am 27. Oktober 1868. Zit. nach ebd., www.nietzschesource.org/#eKGWB/BVN-1868,596.

11 Claus-Dieter Osthövener: Wahnfried als frommer Wunsch. Bayreuther Unbehaustheiten. In: Laurenz Lütteken (Hrsg.): Exil als Daseinsform. Die Schauplätze Richard Wagners. Zürcher Festspiel-Symposium 2013. Kassel u. a.: Bärenreiter 2014 (Zürcher Festspiel-Symposien 5), S. 84–96.

12 Wagner: Ring, S. 96.

VI Der tröstende »Verkehr mit einem Großen«

1 Cosima Wagner: Die Tagebücher. Hrsg. von Martin Gregor-Dellin und Dietrich Mack, Bd. 1, München, Zürich: Piper 1976, S. 112.

2 Ebd., Bd. 2, S. 478.

3 Richard Wagner an Franz Liszt am 16. Dezember 1856. Zit. nach: Briefwechsel zwischen Wagner und Liszt. Bd. 2. Vom Jahre 1854 bis 1861. Leipzig: Breitkopf & Härtel 1887, S. 148. Die Neuausgabe des Briefes, dessen Autograph sich im Richard Wagner-Museum Bayreuth befindet, im 8. Band der Sämtlichen Briefe von Richard Wagner (erschienen 1991) ist unzulänglich, unter anderem fehlt der zitierte Passus.

4 Zit. nach Friedrich Schnapp (Hrsg.): Liszts Testament. Aus dem Französischen ins Deutsche übertragen. Weimar: Böhlau 1931, S. 9.

5 Richard Wagner: Zur Einführung. (Bayreuther Blätter, Erstes Stück). In: Wagner: Gesammelte Schriften und Dichtungen, Bd. 10, S. 19–24, hier S. 22.

6 Richard Wagner an Marie Sayn-Wittgenstein im Januar 1857. In: Wagner: Sämtliche Briefe, Bd. 8, S. 249–252, hier S. 250.

7 Richard Wagner: »Le Freischutz«. Bericht nach Deutschland. In: Wagner: Gesammelte Schriften und Dichtungen, Bd. 1, S. 220–240, hier S. 238.

8 Richard Wagner: Bericht an Seine Majestät den König Ludwig II. von Bayern über eine in München zu errichtende deutsche Musikschule. In: Wagner: Gesammelte Schriften und Dichtungen, Bd. 8, S. 125–176, hier S. 165.

9 Cosima Wagner an Friedrich Nietzsche am 1. Februar 1871. In: Erhart Thierbach (Hrsg.): Die Briefe Cosima Wagners an Friedrich Nietzsche. I. Teil: 1869–1871. Weimar: Nietzsche-Archiv 1938 (Jahresgabe der Gesellschaft der Freunde des Nietzsche-Archivs 12), S. 70–72, hier S. 71.

10 Eintrag vom 15. Februar 1870. In: Cosima Wagner: Die Tagebücher, Bd. 1, S. 198.

11 Richard Wagner: Deutsche Kunst und Deutsche Politik. In: Gesammelte Schriften und Dichtungen, Bd. 8, S. 30–124, hier S. 89.

12 Eintrag vom 15. März 1878. In: Cosima Wagner: Die Tagebücher, Bd. 2, S. 60.

13 Eintrag vom 22. März 1878. In: ebd., Bd. 2, S. 67.

14 Franz Liszt an Richard Wagner am 10. Juli 1857. In: Briefwechsel zwischen Wagner und Liszt. Bd. 2. Vom Jahre 1854 bis 1861. Leipzig: Breitkopf & Härtel 1887, S. 178.

15 Eintrag vom 24. Juli 1872. In: Cosima Wagner: Die Tagebücher, Bd. 1, S. 552 f.

16 Hans von Bülow: Richard Wagner's »Eine Faust-Ouverture«. In: Neue Zeitschrift für Musik 45, 1856, S. 53–57, hier S. 54 f.

17 Eintrag vom 17. Januar 1870. In: Cosima Wagner: Die Tagebücher, Bd. 1, S. 189.

18 Bülow: Faust-Ouverture, S. 56.

19 Richard Wagner: Bericht über die Aufführung der neunten Symphonie von Beethoven im Jahre 1846 in Dresden (aus meinen Lebenserinnerungen ausgezogen) nebst Programm dazu. In: Wagner: Gesammelte Schriften und Dichtungen, Bd. 2, S. 50–64, hier S. 56 f.

20 Ebd., S. 60 f.; dort auch die folgenden Zitate.

21 Richard Wagner: Beethoven (1870). In: Wagner: Gesammelte Schriften und Dichtungen, Bd. 9, S. 61–126, hier S. 65 f.

22 Wagner: Das Kunstwerk der Zukunft, S. 118 f.

23 Ebd., S. 119.

24 Wagner: Oper und Drama, 2. Teil, S. 53.

25 Ebd., S. 42.

26 Ebd., S. 44.

27 Ebd., S. 137.

28 Richard Wagner: Brief an Franz Liszt (über die Goethe-Stiftung). Hier zit. die Erstausgabe in Richard Wagner: Zwei Briefe. Leipzig: Hinze 1852, S. 25–48, hier S. 33.

29 Wagner: Oper und Drama, 2. Teil, S. 54; dort auch das folgende Zitat.

30 Wagner: Oper und Drama, 2. Teil, S. 9; dort auch das folgende Zitat.

31 Richard Wagner: Beethoven (1870). In: Wagner: Gesammelte Schriften und Dichtungen, Bd. 9S. 124 f.

32 Richard Wagner: Über Schauspieler und Sänger. In: ebd., Bd. 9, S. 157–230, hier S. 214.

33 Richard Wagner: Deutsche Kunst und deutsche Politik. In: ebd., Bd. 8, S. 30–124, hier S. 36.

34 Eintrag vom 7. Dezember 1873. In: Cosima Wagner: Die Tagebücher, Bd. 1, S. 760 f.

35 Eintrag vom 10. November 1878. In: Cosima Wagner: ebd., Bd. 2, S. 224.

36 Richard Strauss: Letzte Aufzeichnung. In: ders.: Betrachtungen und Erinnerungen. Hrsg. von Willi Schuh. Zweite, erweiterte Ausgabe. Zürich: Atlantis 1957, S. 182.

37 Thomas Mann: Doktor Faustus. Das Leben des deutschen Tonsetzers Adrian Leverkühn erzählt von einem Freunde. Frankfurt: Fischer 1986, S. 634.

VII Jenseits der Religion

1 Die Geschehnisse waren auch in der deutschen Presse ausführlich verfügbar, als Beispiel mag der mehrseitige Bericht in der *Augsburger Zeitung* gelten, vom 3. September 1830, S. 957–959.

2 Richard Wagner: Sämtliche Werke. Bd. 22. Dokumente und Texte zu »Die Feen«. Dokumente und Texte zu »Das Liebesverbot oder: Die Novize von Palermo«, S. 202. Die Partiturfassung weist leichte Unterschiede zur Textfassung auf.

3 Richard Wagner: Die Meistersinger von Nürnberg. In: Wagner: Gesammelte Schriften und Dichtungen, Bd. 7, S. 150–271, hier S. 258.

4 Vgl. hier etwa: Anon.: Die Volksdichter Hans Sachs und Grübel im Zusammenhange mit der geschichtlichen Entwickelung der deutschen Poesie betrachtet. Zur Feier des hundertjährigen Geburtstags Grübels, den 3. Juni 1836. Nürnberg: Riegel und Wießner 1836, S. 20 f.

5 Wagner: Meistersinger, S. 270 f.

6 Die Zitate nach der Textedition bei Dietrich Mack (Hrsg.): Richard Wagner. Tannhäuser. Frankfurt: Insel 1979, S. 25–72, hier S. 71 f.

7 Max Stirner: Der Einzige und sein Eigenthum. Leipzig: Wigand 1845, S. 488.

8 Eintrag vom 5. Februar 1883. In: Cosima Wagner: Die Tagebücher, Bd. 2, S. 1098.

9 Richard Wagner: Eine Mittheilung an meine Freunde. In: Wagner: Gesammelte Schriften und Dichtungen, Bd. 4, S. 231–345, hier S. 299.

10 Richard Wagner: Lohengrin. In: Wagner: Gesammelte Schriften und Dichtungen, Bd. 1, S. 65–114, hier S. 111.

11 Wagner: Die Kunst und die Revolution, S. 59 f.

12 Adolph Weisser: Hinterlassene Papiere eines geistlichen Selbstmörders. Pforzheim: Finck 1841, S. 36.

13 Alle Zitate folgen bewusst dem Erstdruck des Textes: Richard Wagner: Parsifal. Ein Bühnenweihfestspiel. Mainz u. a.: Schott 1877, hier S. 72.

14 Anon. [Heinrich Porges?] Bühnenweihfestspiel. In: Bayreuther Blätter 10, 1878, S. 295–302.

15 Ebd. S. 300.

16 Ebd., S. 302.

17 Wagner: Parsifal, S. 27.

18 Ludwig Feuerbach: Das Wesen des Christenthums. Zweite vermehrte Auflage. Leipzig: Wigand 1843, S. 211 f.

19 Wagner: Religion und Kunst, S. 5.

20 Ebd., S. 28 f.

21 Ebd., S. 11.

22 Karol Berger: Parsifal und die Regenerationsfrage. Mit einer Dokumentation zur Zürcher Erstaufführung des Parsifal im Jahr 1913 von Eva Martina Hanke. Winterthur: Amadeus 2012 (Neujahrsblätter der Allgemeinen Musikgesellschaft Zürich 197), S. 18.

23 Wagner: Meistersinger, S. 268.

24 Karol Berger: Jenseits der Vernunft. Form und Bedeutung in Wagners Musikdramen. Übersetzt von Sven Hiemke. Berlin: Metzler, Kassel: Bärenreiter 2021, S. 313.

VIII »Als Dimension und Zumutung unzeitgemäß«

1 Eintrag vom 24. Dezember 1936. In: Thomas Mann. Tagebücher. Hrsg. von Peter de Mendelssohn. Frankfurt: Fischer 2003, S. 412.

2 Eintrag vom 25. Dezember 1936. In: ebd., S. 413.

3 Eintrag vom 15. Februar 1936. In: ebd., S. 257.

4 Hier zit. die Ausgabe Thomas Mann: Leiden und Größe Richard Wagners (April 1933). In: Mann: Wagner und unsere Zeit, S. 63–121.

5 Faksimile in: Norbert Götz u. a. (Hrsg.): Wagners Welten. München: Münchner Stadtmuseum, Edition Minerva 2003, S. 241; dort auch die Zitate.

6 Willi Schuh: Thomas Mann, Richard Wagner und die Münchner Gralshüter. In: Neue Zürcher Zeitung, 21. April 1933, S. 1 f.

7 Eintrag vom 21. November 1937. In: Mann: Tagebücher, S. 132 f.

8 Eintrag vom 21. Mai 1936. In: ebd., S. 304 f., hier S. 305.

9 Eintrag vom 24. Mai 1936. In: ebd., S. 306.

10 Eintrag vom 31. Mai 1936. In: ebd., S. 309.

11 Thomas Mann: Richard Wagner und der »Ring des Nibelungen« (November 1937). In: Mann: Wagner und unsere Zeit, S. 126–150, hier S. 139.

12 Eintrag vom 17. Juli 1936. In: Mann: Tagebücher, S. 332.

13 Eintrag vom 13. Oktober 1937. In: ebd., S. 115 f., hier S. 115.

14 Thomas Mann: Auseinandersetzung mit Richard Wagner (Juli 1911). In: Mann: Wagner und unsere Zeit, S. 26–28, hier S. 28.

15 Ernst von Possart: Die Entstehungsgeschichte des Prinz-Regenten-Theaters. Ein Gedenkblatt zum 10. Münchner Festspiel-Jahr. In: Münchner Neueste Nachrichten, 5. August 1910, S. 1.

16 Richard Wagner an Joseph Tichatschek am 9. August 1858. In: Wagner: Sämtliche Briefe, Bd. 9, S. 356 f., hier S. 356.

17 Richard Wagner: Beethoven (1870). In: Wagner: Gesammelte Schriften und Dichtungen, Bd. 9, S. 61–126, hier S. 74.

Personenregister